I0089299

8°Yf
87
14236

NOUVEAUX DOCUMENTS

SUR LES

COMÉDIENS DE CAMPAGNE

LA VIE DE MOLIÈRE

ET LE

THÉATRE DE COLLÈGE DANS LE MAINE

PAR

HENRI CHARDON

Ancien Élève de l'École des Chartes
Lauréat de l'Académie française
Maire de Marolles-les-Braux, Ancien Conseiller général de la Sarthe
Ex-Président et Vice-Président de diverses Sociétés savantes
Officier d'Académie

TOME SECOND

DERNIÈRES DÉCOUVERTES SUR MOLIÈRE
MONSIEUR DE MODÈNE ET MADELEINE DE L'HERMITE
DERNIERS DOCUMENTS SUR LES COMÉDIENS DE CAMPAGNE
LE THÉATRE DE COLLÈGE DANS LE MAINE

PARIS

CHAMPION, LIBRAIRE-ÉDITEUR, 9, Quai Voltaire

—

1905

NOUVEAUX DOCUMENTS

SUR LES

COMÉDIENS DE CAMPAGNE

LA VIE DE MOLIÈRE

ET LE THÉATRE DE COLLÈGE DANS LE MAINE

RF BIBLIOTHÈQUE NATIONALE IMPRIMÉ

NOUVEAUX DOCUMENTS

SUR LES

COMÉDIENS DE CAMPAGNE

LA VIE DE MOLIÈRE

ET LE

THÉATRE DE COLLÈGE DANS LE MAINE

PAR

Henri CHARDON

Ancien Élève de l'École des Chartes
Lauréat de l'Académie française
Maire de Marolles-les-Braux, Ancien Conseiller général de la Sarthe
Ex-Président et Vice-Président de diverses Sociétés savantes
Officier d'Académie

TOME SECOND

DERNIÈRES DÉCOUVERTES SUR MOLIÈRE
MONSIEUR DE MODÈNE ET MADELEINE DE L'HERMITE
DERNIERS DOCUMENTS SUR LES COMÉDIENS DE CAMPAGNE
LE THÉATRE DE COLLÈGE DANS LE MAINE

PARIS

CHAMPION, LIBRAIRE-ÉDITEUR, 9, Quai Voltaire

—

1905

INTRODUCTION

Il y a plusieurs années déjà, je publiai un premier volume de *Nouveaux Documents sur les Comédiens de campagne et la vie de Molière* (1886). C'était comme la suite d'une étude que j'avais fait paraître dix ans auparavant sur *la Troupe du Roman Comique dévoilée et les Comédiens de campagne au XVIIe siècle* (1876). Ayant surtout en vue les acteurs mis en scène par Scarron, je consacrai la première partie de mon ouvrage au passage de comédiens au Mans en 1633, c'est-à-dire à une époque où Scarron, qui habitait déjà le Maine, put dès lors se rencontrer avec eux. Le tripot où on les trouve me fournit l'occasion de dire quelques mots des Jeux de paume du Mans qui servaient d'asiles aux comédiens les jours de foires et de fêtes publiques. J'y joignis quelques notes sur les comédiens des villes voisines : Alençon, Baugé, etc.

Mais bientôt, attiré par un nom qui prime tous les autres, qui est à lui seul un éblouissement, je passai à Molière. Molière et Armande ! cruelle

énigme, qu'on n'a pas encore devinée. Je pensais
être plus heureux que mes devanciers, en étudiant
Molière par ses entours : M. et Mme de Modène.
M. de Modène, l'amant de Madeleine Béjart, qui
se reconnaît comme le père de l'enfant que celle-ci
avait mis au monde, s'était marié dans le Maine
avec la veuve du marquis de Lavardin. Il avait mal
vécu avec sa femme. Celle-ci avait annoncé l'inten-
tion d'intenter contre lui une demande de séparation de corps. Une bonne fortune m'avait fait mettre
la main sur tous les papiers notariés relatant leurs
passes d'armes. J'espérais trouver aussi leur inventaire, c'est-à-dire la pièce qui dirait le mot définitif
sur l'identité d'Armande : je me trouvai entraîné
sur les traces de M. de Modène et de sa femme.

Malade, depuis ce temps, pendant une douzaine
d'années, forcé de renoncer à tout travail, j'ai
laissé cette étude de côté sans la terminer. Aujour-
d'hui je veux lui donner une suite ou plutôt une
fin. Je dis une fin, bien que de semblables ouvrages
ne soient jamais clos et qu'il y ait toujours des trou-
vailles à faire dans cette recherche des comédiens
à travers la France.

Voici le bilan de ce que j'apporte aujourd'hui.

1o Le résumé des découvertes faites sur Molière
dans ces vingt dernières années.

2o Quelques renseignements nouveaux sur M. de
Modène et sa seconde femme, sur Tristan de Vau-
selle et sa femme, qui ont appelé l'attention de
M. Bernardin (1).

(1) Cf. sa très intéressante thèse sur *Tristan l'Hermite sieur
du Solier*. Picard, 1895, in-8o.

3º Quelques documents inédits sur les comédiens de la troupe du *Roman Comique*, Filandre, les Longchamp, etc.

4º Les autres comédiens les plus illustres du XVIIᵉ siècle : les Raisin, les Villiers, etc.

5º Les troupes nomades hors de France.

6º Le théâtre au Mans et principalement le théâtre de collège en cette ville, dont l'histoire est particulièrement intéressante (1).

J'espère que ceux qui ont bien voulu prendre quelque plaisir à lire mon premier volume trouveront encore quelque intérêt à ces dernières glanes que j'ai rassemblées sur l'histoire du théâtre.

(1) Il a paru récemment un ouvrage sur le théâtre au Mans au XVIIIᵉ siècle ; mais j'ai regretté d'y trouver plus de renseignements sur l'histoire de la Révolution que sur celle du théâtre lui-même.

BIBLIOTHÈQUE NATIONALE — R. F. — IMPRIMÉS

DERNIERS DOCUMENTS

SUR LES

COMÉDIENS DE CAMPAGNE

LA VIE DE MOLIÈRE

ET LE THÉATRE DE COLLÈGE

CHAPITRE PREMIER

LES DERNIÈRES DÉCOUVERTES SUR MOLIÈRE :
POITIERS, BORDEAUX, GRENOBLE

1. Molière à Poitiers en 1648, d'après M. Bricauld de Verneuil (1887) :
— Mademoiselle du Fresne, qui mourut le 1er novembre, faisait-elle
partie de la troupe de Molière ? — Une troupe de comédiens à Poitiers en 1651 et 1652 : le mariage, dans cette ville, du futur camarade
de Molière, du Croisy, avec Marie Claveau, le 29 juillet 1652. —
Relevé des comédiens qui assistent à cette cérémonie.
2. Molière à Bordeaux, en 1656, d'après M. Dast de Boisville (1895) :
Un acte de baptême où Molière figure comme parrain. — Les visions
de M. Anatole Loquin : Molière et le Masque de Fer.
3. Molière à Grenoble, d'après M. Prudhomme (1904) : Un acte de
baptême du 12 août 1652.

Dans ces vingt dernières années, il y a peut-être eu moins
de découvertes faites sur les pérégrinations de Molière que
dans la période précédente. Ce qui sans doute a ralenti le
zèle des amis du grand comédien, c'est la disparition du

Moliériste. Cette revue, où l'archiviste de la Comédie française, M. Monval, groupait les recherches de ceux qui, de
près ou de loin, s'occupaient de Molière et de sa troupe,
a cessé de paraître à la fin de 1888. Il faut avouer aussi
qu'on en était arrivé au subtil et à l'épuisement même ; à
force de fouiller dans la vie de Molière, on avait fini par
la rendre « plus problématique que dans Grimarest et par
obscurcir son œuvre » (1). Les Moliéristes n'ont pas disparu
pour cela, mais leurs travaux sont restés isolés et moins à
la portée du grand public. Toutefois, il n'y a eu de bien
décisif que ce qu'on a écrit pour préciser le passage de
Molière à Poitiers en 1648 et pour révéler son séjour à
Bordeaux en 1656 et à Grenoble en 1652.

* * *

Parlons d'abord de Poitiers. Voici ce que j'écrivais moi-
même, en 1887, relativement au passage du grand comique
en cette ville (2) :

« Depuis longtemps, on n'avait rien publié d'inédit sur
les pérégrinations de Molière et des comédiens de sa troupe
dans l'Ouest de la France. Tout ce qu'on savait de certain
sur son compte, dans ces parages, se réduisait aux mentions
de son séjour à Nantes, en mai 1648, et à Fontenay-le-
Comte. A l'aide de présomptions, assez fondées, on était
seulement amené à croire à son séjour dans les principales villes de l'Ouest et du Sud-Ouest, par où il a dû
passer, à l'aller et au retour, sur le chemin d'Agen à Nantes
ou à Paris. Mais on ne s'est pas contenté de ces présomptions ; on a cru pouvoir le retrouver à Laval, au Mans, voire

(1) M. Simon Boubée, *Les Adieux des Moliéristes* dans la *Gazette de
France* du 18 janvier 1889.
(2) Dans l'*Union de la Sarthe*, nᵒ du 22 février 1887.

même à La Ferrière - aux - Etangs. Malheureusement, ce n'était guère là que des illusions et des rêves. M. le comte G. de Contades a tout récemment prouvé que la tradition d'après laquelle Molière aurait séjourné au château de La Ferrière - aux - Etangs, n'était qu'une légende. (Alençon, E. Renaut-De Broise, 18 p. in-8°, 1886.)

Nos pères, qui n'avaient pas le souci de l'exactitude historique, telle que nous la comprenons, dès qu'il s'agissait d'un comédien le prenaient pour l'auteur du *Misanthrope*.

Aimez-vous le Molière ? On en a mis partout.

Après enquête faite, il faudra, sans doute, bien en rabattre et renoncer à se monter la tête. Ce sont les villes du Midi et du Sud-Est qui, jusqu'à présent, ont fourni le plus de renseignements à la grande enquête moliéresque ouverte sur tous les points de la France.

M. Bricauld de Verneuil, mort avant l'heure, et dont M. Richard, son ami, le savant archiviste de la Vienne, publie les notes qu'il avait rassemblées sur le séjour des comédiens en Poitou, vient cependant d'essayer d'apporter quelques documents nouveaux sur le passage de Molière à Poitiers.

Déjà, dans les notes du *Journal d'Antoine Denesde*, il avait montré le « sieur Morlière » adressant au conseil de ville la demande d'y venir passer « un couple de mois ». Mais le maire et le conseil, le 9 novembre 1649, lui en avaient refusé l'autorisation, attendu la misère du temps et la cherté des blés.

Dans sa brochure sur *Molière à Poitiers* (Oudin, 60 p. in-8° 1887), il fait un pas de plus. Pénétré de l'idée que le désir de Molière de jouer en cette ville, en 1649, lui était inspiré par un séjour antérieur, il croit trouver une preuve du passage du grand comédien dans la capitale du Poitou en 1648. Il induit sa présence d'un acte de décès du 1er novembre constatant l'inhumation, dans l'église de la paroisse Saint-Cybard, de Melle du Fresne, comédienne, décédée le même jour.

Qu'est-ce que Melle du Fresne et faisait-elle réellement partie de la troupe de Molière ?

Ce nom de Melle du Fresne peut appartenir à la femme de Charles du Fresne. Cet associé de Molière, directeur de la troupe qui avait recueilli les débris de l'*Illustre théâtre* au commencement de 1646, avait fusionné avec eux pour former la troupe du duc d'Epernon, ainsi que nous l'apprend (je l'ai suffisamment prouvé) l'auteur de *Papyre*, A. Mareschal, en tête de cette tragédie. Malheureusement on n'est pas bien sûr que du Fresne ait été marié. Son mariage est seulement probable. La plupart des directeurs de troupes de campagne avaient d'ailleurs leurs femmes avec eux. On voit aussi, à Paris, le 26 août 1659, à une noce, où sont réunis tous les acteurs de Molière, une Manon du Fresne qui pourrait être la fille de ce comédien, sans parler d'une Madeleine du Fresne dont il sera question tout-à-l'heure. Il est seulement étonnant qu'on n'ait pas encore trouvé un indice formel de la présence, en quelque lieu, de la femme de cet acteur, pas même à Nantes en 1648.

Somme toute, il est seulement probable que la morte du 1er novembre est bien la femme de du Fresne, du chef de la troupe comique. Son inhumation dans l'église, et non pas seulement dans le cimetière, vient encore à l'appui de cette présomption ; mais il n'y a pas là de certitude absolue, et on ne peut être entièrement sûr du séjour de Molière dans Poitiers, à cette date.

Il peut s'agir d'une sœur, sinon d'une fille de du Fresne, engagée dans une autre troupe que son frère, et dès lors il ne serait plus question de la présence de Molière. M. Bricauld de Verneuil a indiqué lui-même que l'acte de décès pouvait se rapporter à Madeleine du Fresne, mariée à Lyon, le 8 février 1643, avec le comédien François de la Cour, qu'on trouve aussi non loin de Poitiers, à Fontenay-le-Comte, le 29 décembre 1654. Toutefois, cela serait étonnant. D'après l'usage du temps, cette comédienne eut dû s'appeler Melle de la Cour ; mais enfin cela laisse percer dans la pensée de M. Bricauld de Verneuil un doute sur l'identité de la morte. Il en résulte, je le répète, qu'on n'est pas certain qu'il s'agisse là d'une comédienne de la troupe de Molière et de du Fresne.

Ce qui légitime ces doutes, c'est précisément que Molière avait passé à Nantes le mois de mai 1648, et s'était proposé de venir ensuite représenter dans un jeu de paume de Fontenay-le-Comte, à partir du 15 juin. Quatre mois et demi plus tard environ se serait-il donc encore trouvé dans les mêmes parages, à Poitiers ? Au moyen de quelles contre-marches aurait-il employé ce temps ? Il n'est pas probable qu'il soit resté à piétiner sur place pendant ces longs mois d'été. Une maladie de Melle du Fresne pourrait seule avoir immobilisé la troupe. Ce ne serait pas impossible, chaque bande de comédien formant alors une petite société de secours mutuels et ayant d'ailleurs, vu son personnel peu nombreux, besoin de tous ses membres pour jouer les rôles de son répertoire. Mais tout cela reste à prouver.

Une pleine lumière ne ressort malheureusement pas des découvertes et des assertions de l'auteur. Ainsi, après avoir eu l'heureuse chance de découvrir l'acte de mariage d'un des futurs camarades de Molière, le comédien du Croisy, avec Marie Claveau, à Poitiers, à la date du 29 juillet 1652, et les noms des autres acteurs faisant partie de cette troupe de campagne, il en conclut que c'était probablement la bande de comédiens qui avait joué devant la cour, à Poitiers, de novembre 1651 à février 1652.

Il serait intéressant, pour l'histoire des comédiens de campagne, de pouvoir arriver à déterminer nettement l'identité de la troupe ayant alors représenté devant le jeune roi, qui donnait le plaisir de la comédie aux Royalistes rassemblés autour de lui, de même que le duc de Rohan-Chabot le procurait aux Frondeurs, dans Angers.

Non pas qu'il puisse s'agir là de la troupe de Molière, comme le croyait Fournier. Cette opinion ne tient pas debout, je crois l'avoir prouvé. M. Bricauld est également de cet avis, et aussi M. Brunetière. L'intérêt qu'il y a à l'individualiser est tout autre. Melle de Montpensier, dans ses *Mémoires*, raconte qu'aux premiers jours de son exil à Saint-Fargeau, elle vint à Orléans vers le commencement de février 1653. Là elle rencontra « une très bonne troupe qui avait été tout l'hiver de devant à Poitiers, avec la cour et l'avait suivie à Saumur. Elle avait eu, dit-elle, beaucoup d'approbation de toute la cour. Je la fis jouer un soir à mon logis ». Il n'est pas impossible que cette troupe ait été plus tard celle qui prit, à Dijon, en avril 1655, le nom de *Comédiens ordinaires de Son Altesse Monseigneur le duc d'Orléans et de Mademoiselle*, et dont l'histoire est curieuse à étudier.

Il est donc intéressant d'en connaître les origines, et de savoir si oui ou non la troupe qui avait joué à Poitiers en décembre 1651, et qu'une autre avait précédée à la fin de mai, était bien celle qu'on trouve encore dans cette ville pendant tout le mois de juillet 1652 et qui assiste au mariage de du Croisy.

Tout d'abord on se prend à croire qu'il ne peut être question d'elle. Revenir jouer au plus fort de l'été dans la même ville où on avait déjà passé trois mois d'hiver, cela paraît bien téméraire et bien invraisemblable ! Mais il ne faut pas oublier qu'on est à l'époque la plus critique de l'histoire de la Fronde. Après avoir suivi la cour jusqu'à Saumur, la troupe comique, empêchée par la guerre d'aller plus loin, a pu revenir sur ses pas, et s'enfoncer dans le sud-ouest, au lieu de rester dans la région de la Loire. Là, les misères et les dangers des discordes civiles se faisaient moins vivement sentir. D'où l'idée de revenir, en attendant des temps meilleurs, se reposer à Poitiers où l'appelait, peut-être,

(M. Bricauld l'allègue sans preuves) le patronage du jeune duc de Roannez, gouverneur du Poitou, l'ami de Pascal.

Une fois la paix conclue vers la fin d'octobre, elle aurait repris sa route vers le nord, vers Blois et Orléans. Il n'est donc pas impossible que du Croisy ait joué devant la cour à Poitiers, à la fin de 1651 ; mais tant qu'on n'aura pas retrouvé, soit à Blois, soit à Orléans, Saint-Fargeau, Bourbon, Dijon, etc., un nom au moins des acteurs qui figurent autour de lui à ses noces, on ne pourra encore avoir que des présomptions. Sur ce point, comme sur le précédent, M. Bricauld de Verneuil ne nous a pas donné une certitude complète.

Ce qui est important, c'est de bien se rappeler tous ces noms de comédiens trouvés à Poitiers, le 29 juillet 1652, afin de ne pas laisser échapper l'occasion d'en ressaisir la trace ailleurs. C'est d'abord du Croisy, dont les débuts sont inconnus avant son entrée dans la troupe de Molière, et que j'ai été le premier, récemment, à montrer faisant son apparition à Mâcon, avec André Hubert, en 1658. Philbert Gassot, sieur du Croisy, est dit dans l'acte, fils de feu Jean Gassot, natif de Paris. Il doit être de famille de comédiens et parent, plutôt que frère, comme l'avait dit Jal, de la femme de Bellerose, Nicole Gassot ; celle-ci s'était mariée en secondes noces à ce comédien, dès le 12 février 1630, l'année même où du Croisy ne faisait que naître.

Est-ce par galanterie du rédacteur de l'acte de mariage, que la femme épousée par le jeune comédien, Marie Claveau, n'est pas dite veuve d'un premier mari, Nicolas de Lécole, sieur de Saint-Maurice, dont elle avait une fille, Marie ? On pourrait croire plutôt que c'est par suite du silence gardé par la mariée sur son état civil. Mais non : le droit canonique permettait alors aux veuves, à la différence de notre droit civil, de se remarier aussitôt qu'elles le jugeaient à propos, après la mort de leur mari. Et Marie Claveau, usant largement de cette faculté, s'était contentée d'*un veuvage de trois semaines* environ, ce que n'a pas su M. Bricauld.

Son premier mari, comédien comme du Croisy et appartenant à la même troupe, venait en effet de mourir à Poitiers vingt-quatre jours seulement avant les noces du 29 juillet : « Le cinquième de juillet 1652 est mort en Notre-Seigneur M. de Saint-Maurice, comédien en l'hôtellerie de l'Écu et a été enterré le lendemain en l'église de sainte Opportune : *Requiescat in pace.* » Décidément sa veuve, Marie Claveau n'aimait pas la solitude et n'était pas difficile à consoler.

Les camarades, qui assistent à son union, sont un vieux comédien, Nicolas Lion, sieur de Beaupré, mari de Madeleine Lemoine, qu'on trouve au théâtre dès 1624, et dont la femme ne fit pas partie du théâtre de Molière, comme l'a dit par erreur M. Bricauld de Verneuil ; puis Henri Pitel, sieur de Longchamp, n'étant au contraire qu'à ses débuts ; Charlotte Le Grand, destinée à devenir sa femme et qui était une des filles de Turlupin ; Victorin Guérin, portant lui aussi un nom de théâtre, mais qui n'est pas le père du second mari d'Armande Béjart. Enfin, on trouve encore parmi les assistants Jean Guillemoy du Chesne, Jean Citois, probablement un parent du médecin du cardinal de Richelieu, sans compter le secrétaire du duc de Roannez, etc.

Il y aurait encore d'autres renseignements à relever sur les comédiens du même temps dans la brochure de M. Bricauld ; mais je n'ai voulu parler ici que de ceux qui présentent un intérêt général. Ils suffisent pour inspirer l'idée de faire plus ample connaissance avec cette notice de l'auteur poitevin, dont il est à souhaiter que les laborieuses et persévérantes recherches trouvent des imitateurs, aussi zélés, dans toutes nos villes de l'Ouest. »

*
* *

J'arrive maintenant à Bordeaux.

Nicolas de Tralage, neveu du lieutenant de police de la

Reynie, avait dit, il y a longtemps, que Molière avait commencé à jouer la comédie à Bordeaux, où le duc d'Epernon, alors gouverneur de Guyenne, l'estimait fort. On a trouvé en cette ville plus d'une trace de passages de comédiens. M. Rigal a dit, d'après Monval, que Valeran y jouait dès 1592 les rôles d'amoureux dans une troupe dont le chef était Bourguignon et mari d'une comédienne, fille d'un avocat de Paris (1). En 1632, les jurats de Bordeaux s'opposent, par crainte d'incendie, à l'ouverture d'une salle de spectacle, c'est-à-dire aux représentations de Charles Dufresne (2).

En 1895, M. Dast de Boisville a découvert le premier que Molière vint à Bordeaux en 1650 avec sa troupe pour y donner des représentations, et qu'il tint même sur les fonts de la paroisse Saint-Christoly un enfant, dont il fut le parrain avec Mademoiselle de Brie pour commère (3). On lit en effet, dans le registre des baptêmes de la primatiale Saint-André : « Du mesme jour (15 août 1656), par noble Jean Amelin, curé de la Majestat de Saint-André de Bordeaux, a été baptisé Jean-Baptiste, fils du sieur Faure Martin et de Anne Reynier, paroisse Saint-Christoly. Parrain : sieur Jean-Baptiste Poquelin, comédien de M. le prince de Conty. Marraine : Catherine Leclercq, damoiselle » (4).

C'est une date certaine qui vient faire place aux présomp-

(1) Cf. Rigal, p. 122.
(2) Cf. A. Baluffe, *Un Comédien de campagne au XVII⁰ siècle : Charles Dufresne (Revue d'Art dramatique*, 1ᵉʳ novembre 1887, p. 172).
(3) Communication faite le 26 octobre 1895 à la Société des Archives historiques de Bordeaux. — Voir *Revue philomatique de Bordeaux et du Sud-Ouest*, 1ᵉʳ novembre 1899. — Cf. aussi Anatole Loquin, *Molière à Bordeaux vers 1647 et en 1656*. C'est cet auteur qui a poussé l'invraisemblance jusqu'à identifier Molière et le Masque de Fer.
(4) Ce n'était autre que Mademoiselle de Brie, femme d'Edme Villequin dit de Brie.

tions plus ou moins fondées qu'on avait eues jusqu'alors sur sa présence en cette ville (1).

*
* *

Une autre découverte a été faite plus récemment encore.

On ne savait quel itinéraire avait suivi Molière pour se rendre de Carcassonne à Lyon en 1652. J'avais écrit qu'il avait probablement abordé cette ville en remontant la vallée du Rhône. Cette présomption était bien fondée et vient d'être vérifiée. M. Prudhomme, archiviste du département de l'Isère, a découvert, dans les registres de baptême de la paroisse Saint-Hugues et Saint-Jean de Grenoble, un acte de baptême du 12 août 1652, dans lequel Molière figure comme parrain d'un enfant de Mademoiselle de Brie.

« Le 12 d'aoust 1652, j'ay baptisé Jean-Baptiste Villequin, fils de sieur Edme, commédien, et honneste dame Catherine Le Clerc, mariés ; agé de trois jours. A eut pour parrain sieur Jean-Baptiste Pocquelin, valet de chambre du Roy, et pour marrainne damoiselle Magdelainne Bejarre, fille de noble Joseph Bejar, bourgeois de Paris (2).

Signé : Edme Villequin, J.-B. Pocquelin,
M. Bejart, De Monery, Pierre
de La Porte, vicaire » (3).

(1) Voir encore de M. P. Bonnefon quelques faits nouveaux sur Molière *Revue universitaire*, 1896, 1er semestre, pp. 140 et s. Cet article est particulièrement intéressant sur le passage de Molière à Bordeaux et sur l'opinion que les gens d'église au XVIIe siècle se faisaient sur le théâtre et les comédiens.

(2) On remarquera, ce qui n'avait rien d'étonnant alors, l'orthographe différente des noms de *Magdelaine Béjarre* et de son père, noble *Joseph Béjar*, bourgeois de Paris.

(3) Cf. A. Prudhomme, *Molière à Grenoble*, 1652-1658 (Grenoble, in-8, 1904). — M. Prudhomme pense avec raison que de Monnery n'était pas un comédien, mais un jeune officier de Grenoble.

De cet acte il ressort que les rapports de Molière avec les de Brie doivent être reportés antérieurement à la présence à Lyon, en décembre 1652, d'Edme Villequin et de sa femme.

*
* *

Voilà, depuis vingt ans, ce qu'on a découvert de nouveau sur Molière. C'est peu. Je laisse de côté ce qu'on a écrit sur les autographes, les signatures et la moustache de Molière !

A défaut de renseignements sur les années de voyage du grand comédien, on a étudié plus à fond son théâtre. On a pénétré encore plus avant dans le caractère de ses personnages. C'est ainsi que M. Henri Davignon vient d'écrire une étude sur *Molière et la vie* (Fontemoing, 1904). Dans ce livre consciencieux, il a étudié d'abord *Molière et les femmes*; il y analyse l'espèce d'antipathie que les femmes ont souvent pour lui. Il en a montré les origines et examiné ce sentiment curieux qu'il a réfuté comme il convenait. Dans *Molière et la Bourgeoisie, Molière et les petites gens*, il a étudié mieux les rapports de Molière avec la Société de son temps.

Il y aura pendant longtemps encore de quoi écrire sur l'auteur du *Misanthrope* (1).

(1) C'est afin de ne pas répéter ce qui a été fort bien dit par d'autres que j'ai laissé de côté ce qui a trait aux comédiens et aux mœurs, aux comédiens et à l'opinion publique et aux évolutions du théâtre au XVIIe siècle.

CHAPITRE II

MONSIEUR DE MODÈNE, MADELEINE DE L'HERMITE
ET MARIE COURTIN DE LA DEHORS

1. Opinion de M. Bernardin sur Marie Courtin de la Dehors. — La
   vertu des comédiennes et les Universitaires. — Le mariage de
   Madeleine de l'Hermite et de Le Fuzelier. — L'annulation de ce
   mariage en 1663 pour cause d'impuissance du mari. — Madeleine
   et M. de Modène. — Un ménage interlope au XVIIᵉ siècle. — Les
   présents de M. de Modène et les dépositions des orfèvres. — Rares
   renseignements sur M. de l'Hermite. — La vie de Madeleine dans le
   Comtat. — Lettres de Marie Courtin. — Mort de M. de Modène (1673).
   — Emprunts de sa veuve. — Lutte contre les héritiers : Madeleine
   accusée d'avoir fabriqué des pièces fausses. — La verrerie de Marie
   Courtin de la Dehors. — Réconciliation. — Quelques reçus de 1678
   à 1690.
2. La parenté de Madeleine Béjart et de Marie Courtin. — Une énigme
   moliéresque résolue : Madeleine est la cousine de Marie Courtin.
3. Armande Béjart est-elle la fille du comte de Modène et de Madeleine Béjart ? — Difficultés de cette identification. — Un problème à
   résoudre.

Après Molière, ses entours. Je me suis occupé déjà de
Madeleine Béjart, de M. de Modène, de Marie Courtin de la
Dehors, femme de Tristan de Vauselle, de leur fille Madeleine. Ce qui m'avait déterminé à entreprendre cette étude,
c'est que j'avais eu la bonne fortune de mettre la main sur
les papiers de M. de Modène et de sa première femme.
Celle-ci avait été mariée en premières noces au marquis de
Lavardin, dans le Maine. Son union avec M. de Modène
n'avait pas été heureuse, le jeune comte l'avait trahie pour
Madeleine Béjart, il avait été question un instant de séparation de corps entre les deux époux. J'avais espéré trouver
dans les griefs articulés par Madame de Modène, pour

justifier sa demande, quelques rayons de lumière. Malheureusement je ne trouvai pas l'inventaire qui eût éclairé les relations du comte et de Madeleine. En revanche il me vint de Carpentras des documents sur le mariage du comte avec la fille de Marie Courtin de la Dehors.

Ces documents ont mis M. Bernardin, le savant historien de Tristan l'Hermite, sieur du Solier, sur la trace de nouveaux renseignements concernant les rapports de M. de Modène et de Marie Courtin de la Dehors. Ils l'ont même amené à traiter la question, si discutée, de la naissance d'Armande ; il en fait, comme quelques-uns de ses prédécesseurs, la fille de Madeleine et du comte de Modène.

Personne n'apprécie plus que moi la science et la sagace critique de M. Bernardin, dont je reconnais mieux que personne aussi la courtoisie. Toutefois, à propos de son étude, je voudrais revenir sur les rapports de Marie Courtin de la Dehors et de M. de Modène. J'avais trop noirci peut-être, d'après les papiers des collatéraux de M. de Modène, Marie, la femme de l'Hermite de Vauselle. En revanche, M. Bernardin l'a trop innocentée. Il y a lieu de s'étonner vraiment de la bienveillance des universitaires à l'égard des amours soit de Molière, soit de M. de Modène. Larroumet avait poussé l'invraisemblance jusqu'à se faire le champion de la vertu de Madeleine et à déclarer qu'elle n'avait pas eu de relations avec Molière. En vérité, c'était bien de l'audace, et, s'il ne s'était agi d'un écrivain qui avait été doué par toutes les fées, on eût fait plus que sourire de la vertu de Madeleine. La cause qu'a soutenue M. Bernardin n'est pas, elle, une cause que l'on peut dire perdue d'avance ; cependant elle n'est guère défendable.

Que les parents du comte de Modène, dans leur aversion pour Madeleine de l'Hermite, aient incriminé sa mère plus que de raison, c'est possible, et certes, il ne faut pas prendre les Mémoires judiciaires du temps, pour des paroles

2

d'évangile. Mais il y a loin de là à croire que Marie Courtin, une actrice de campagne, et M. de Modène, un viveur, aient vécu ensemble, sous le même toit, comme de petits saints. Leur passé, leur milieu, tout nous dit qu'ils durent tout mettre en commun.

Pour faire partager mon opinion à ceux qu'intéressent les questions moliéresques, je ferai connaître, plus amplement que je ne l'ai fait dans mes *Nouveaux documents sur les Comédiens de campagne*, le dossier qui a trait aux amours du comte de Modène avec la mère de sa femme.

Ce dossier, je ne le connaissais que par les communications d'un ami. J'ai pu, depuis, le dépouiller moi-même à Carpentras, et c'est le résultat de mes recherches que je consigne en ces pages, afin de mettre chacun en état de se faire une idée sur les rapports de Marie Courtin de la Dehors et du comte de Modène.

La plupart de ces documents sont extraits des pièces de la procédure que les Modène, après la mort de leur parent, intentèrent en 1676, pour faire déclarer nul son mariage avec Madeleine de l'Hermite, et prouver le défaut de moralité de sa mère, Marie Courtin. Les plus curieux proviennent de l'enquête qui fut faite d'après leur demande (1).

Les dépositions sont surtout relatives à Madeleine de l'Hermite. Elle venait de quitter la troupe de Molière lorsqu'elle épousa à Avignon, le 11 novembre 1655, Le Fuzelier, qu'on dit écuyer. Le contrat de mariage fut passé devant Varry, notaire apostolique.

Ce mariage ne fut pas consommé, paraît-il, par suite d'un

_____

(1) Les papiers de M. de Modène et des membres de sa famille se trouvaient au château de Bacchus, qui fut acheté par M. Masson, leur homme d'affaires, lors de la Révolution. A la mort du fils de M. Masson, ces papiers furent achetés, une partie par la Bibliothèque de Carpentras qui les possède encore, l'autre par un héritier. A la mort de ce dernier, on ne sait ce que devinrent ceux dont il était détenteur. La Bibliothèque de Carpentras, chercha, mais trop tard à les trouver.

vice de conformation physique, qui arrivait au même résultat que l'impuissance. Elle suivit Le Fuzelier à Vienne, à Brioude, à Paris. Elle demeura sept ans depuis son mariage sans former de plaintes, par l'effet d'une constance très rare et singulière jointe à sa vertu, « son innocence et manque d'expérience, joinctes à sa pudeur naturelle luy ayant fait fermer la bouche, par advis salutaire qu'elle a receu par son directeur de conscience ».

La requête de nullité est de mai 1663. Le 10 mai eut lieu comparution de Le Fuzelier et la visite médicale. Le lendemain 11 mai, le rapport des experts justifie l'impuissance du mari.

« Rapport rendu par les régents médecins de la Faculté de Paris, par les maîtres chirurgiens et matrones commis pour visiter, par l'ordonnance du seigneur official de Saint-Germain, Pierre Le Fuzelier et la dame Magdelaine de l'Hermite, mariez.

Congrès subis par le nommé Fuzelier, en conséquence d'une sentence interlocutrice rendue avant la définitive ».

Les pièces de procédure constatant l'impuissance et règlementant les appointements furent rendues le 20 mai 1663 « avant faire droit. » La sentence annulatrice fut prononcée par Claude Martin, prêtre, juge de l'exemption de l'abbaye, le 23 mai 1663.

Comme tout le contexte l'indique, les héritiers contestèrent ce jugement. Ils dirent qu'on ne devait pas faire foi sur la prétendue sentence de l'official, que la dissolution avait plutôt été faite par le consentement des parties que par des preuves légitimes, qu'il n'est pas vraisemblable que Madeleine fut restée sept ou huit ans sans se plaindre, qu'elle eut tant tardé si son mari avait été réellement impuissant, et qu'il n'y avait pas apparence qu'elle eut été trouvée vierge..... Il y a dans l'affaire des détails médicaux torp précis pour que je puisse les citer.

Dans l'enquête, des témoins disent au contraire qu'elle accusa Fuzelier d'impuissance « et se fit démarier *pour ensuite épouser le sieur de Modène* ».

D'autres prétendent que la dissolution du mariage eut lieu par suite d'un consentement mutuel ; on ne voit pas en effet que Le Fuzelier se soit opposé au second mariage de sa femme. Il est donc fort probable que le mariage avec M. de Modène était dans les visées de Marie Courtin et de sa fille, qui toutefois paraît avoir plus d'honnêteté que sa mère. Il est cependant juste de dire qu'il ne se fit que trois ans après que Madeleine de l'Hermite eut recouvré sa liberté. Mais il fallait laisser à Marie Courtin le temps de disposer ses batteries et d'amener le vieux galantin à consentir à cette alliance plus que singulière.

Ce qui lui facilita son succès, c'est l'hospitalité qu'elle donnait à Paris, sous son toit, à M. de Modène, qui n'avait pas hésité à faire vie commune à Paris avec l'Hermite.

Lors des enquêtes qui eurent lieu après la mort d'Esprit de Rémond sur le genre de vie et les ressources des l'Hermite, on entendit plusieurs témoins qui nous renseignent sur le train que menait à Paris ce ménage interlope. Les dépositions varient, il est vrai, selon que les témoins sont entendus à la requête de Madeleine de l'Hermite ou de ses adversaires ; mais la plupart ne sont favorables ni aux l'Hermite, ni à M. de Modène, aux dépens de qui semble avoir vécu la singulière famille avec laquelle il s'était acoquiné.

Les l'Hermite étaient allés d'abord demeurer rue du Coq, près l'Hôtel de ville ; les héritiers de leur propriétaire déposent sur leur compte en termes assez sympathiques. L'un d'eux porte un nom connu dans l'histoire littéraire. C'est Pierre Denisot, écuyer, fils de feu Jacques Denisot, vivant conseiller, secrétaire du roi, maison et couronne de France et de ses finances, demeurant rue du Coq-Saint-Jean-en-Grève. L'autre est Guy Baudoyn, bourgeois de

Paris. Pierre Denisot atteste qu'il a vu passer bail par feu
Monsieur son père à M. l'Hermite de Sollier, d'une maison
à lui appartenante dans la dite rue du Coq, moyennant
800 livres par an. Guy Baudoyn, qui est allé dans le dit
immeuble, fait la description des trois étages qui le composaient et des tapisseries qui appartenaient aux l'Hermite.
Il a vu porter à leur fille des perles, des pierres fines, des
montres d'or, etc. ; et depuis il l'a vue demeurer chez M. de
Modène après leur mariage, rue Saint-Claude. Lors de leur
départ pour le Comtat, les meubles ont été vendus et le
sieur de Modène en a touché le prix (1).

D'autres déposants parlent autrement de ces meubles.
Gabrielle Langlois, veuve Jacques Duchange, marchand
tapissier rue Montagne-Sainte-Geneviève, dit qu'elle connaît
le sieur de Modène et la dame de l'Hermite depuis qu'ils
demeuraient rue Saint-Claude. Le sieur Duchange leur loua
des meubles, mais elle ne sait si ce fut au sieur de Modène,
à la dame de l'Hermite ou à la mère de la dite l'Hermite.
Ces meubles furent gardés par les prenants jusqu'à la mort
du sieur Duchange, qui eut lieu le 20 décembre 1666. Ils en
rendirent une partie à la déposante ; pour le surplus, la
dame de l'Hermite fit une promesse de 100 livres, qui est
encore dûe. La déposante n'a pas connaissance qu'il ait été
fait une prisée de meubles lors du mariage de M. de
Modène, et dit que son mari, déjà souffrant de la maladie
à laquelle il a succombé, n'a pu se transporter rue Saint-
Claude (2).

Les orfèvres entendus, déclarent n'avoir fait aucune prisée
de diamants pour le compte de M. de Modène et de sa
femme, n'avoir été appelés ni employés par eux et ne pas
connaître d'orfèvres portant le nom de celui qui aurait fait

(1) Cette déposition faite devant notaire est du 26 août 1675.
(2) C'est ce que disent aussi les autres membres de la famille Du
Change.

la dite estimation. Un des trois Mulot dit que le sieur de Modène demeurait rue du Coq, vis-à-vis la maison où pend pour enseigne l'*Asseurance*, qu'il demeura ensuite rue Saint-Claude, qu'il épousa Madeleine de l'Hermite à l'église Saint-Paul ; lui ne connaissait pas de pierreries à la mariée, Son père était, lui dit-il, un pauvre homme fort incommodé et dénué de biens.

Le neuvième témoin, Charles Mulot, maître lapidaire à Paris, rue Coquillière, fils de Pierre, lapidaire demeurant à l'enseigne de la *Ville de Beauvais*, rue Montorgueil, dépose « qu'il y a environ vingt ans, estant garçon et sans maîtrise, il fut séduit par quelques comédiens qui estoient pour lors en cette ville de Paris et sollicité, tant par eux que par le nommé Fuzelier de les suivre à Avignon, ce qu'il fit avec d'autant plus de facilité qu'il estoit jeune et aymoit la province, où estant ainsy il quitta les dits comédiens et s'adonna à suivre le dit Fuzelier, lequel peu de jours après épousa la dite Madeleine l'Hermite dans la ville d'Avignon, auquel mariage le déposant se trouva comme domestique dudit Fuzelier. Il scait que Marie Courtin, veuve de Jean-Baptiste l'Hermite, et mère de la dite Madeleine l'Hermite estoit pour lors et auparavant leur mariage, associée avec les dits comédiens paroissant sur le théâtre en qualité de comédienne et l'a veue plusieurs fois déclamer et faire différents personnages. Après le quel mariage le déposant quitta le dit Fuzelier et s'en vint en cette ville de Paris ou environ cinq ou six ans après a ouy dire que le dit Fuzelier et la dite Magdeleine l'Hermite, sa femme, se quittèrent volontairement et consentirent à se séparer à cause de l'impuissance du dit Fuzelier. .... Il a cognoissance que le dit sieur Fuzelier estoit auparavant escuyer de M. le prince de Conti et le dit l'Hermite était gentilhomme et de très-bonne famille ..... »

Le père de Charles Mulot dit que Madeleine l'Hermite accusa Fuzelier d'impuissance et se fit démarier pour ensuite épouser le sieur de Modène ; que l'Hermite est mort il y a environ huit ans et qu'il fut enterré fort honorablement dans l'église Saint-Benoît. (La généalogie de l'Hermite le fait mourir en 1669). Le témoin déclare aussi que le mariage de Madeleine de l'Hermite et de Modène eut lieu à Saint-Paul, le 15 décembre 1666 (1).

Andé Lenoir, maître tapissier et valet de chambre ordinaire du roi, a connu le sieur de Modène pour l'avoir vu demeurer avec la dame de l'Hermite dans les années 1666 et 1667, rue Saint-Claude, au Marais du Temple, proche l'hôtel de Turenne. M. de Modène n'a pu payer les meubles loués. Il sait que la dite dame ne paraissait pas avoir de grands biens.

Antoine Lestrieu connaissait le cocher du sieur de Modène, étant lui-même cocher (2). Il fut rue du Coq pour le voir. La dite dame l'Hermite et sa mère demeuraient ensemble avec Modène en la même maison. Il lui a été rapporté que les dites l'Hermite, mère et filles, étaient logées et nourries aux dépens du sieur de Modène, qui alla ensuite avec Madame de l'Hermite demeurer rue Saint-Claude, où en 1666 eut lieu le mariage (3). Il ne connaît rien de leurs biens.

(1) Ce qui explique cette intervention de nombreux Mulot, c'est qu'on leur attribuait la prisée des bijoux et pierreries que Madeleine de l'Hermite était présumée avoir apportés en se mariant et qui étaient évalués à une somme fort importante.

(2) Des témoins disent de lui que « tantôt il avoit carosse et quelquefois il n'en avoit point. »

(3) Voici l'extrait de l'acte de mariage célébré à Saint-Paul, de M. de Modène et de Madeleine l'Hermite. « Le mercredi 15me jour de décembre 1666, fiançailles faites le jour 24me d'octobre etc. , trois bancs publics, ont été mariés Esprit de Rémond, chevalier, seigneur et comte de Modène, veuf de dame Marguerite de la Baume et damoiselle Magdeleine de l'Hermite, fille de messire Jean-Baptiste de l'Hermite, chevalier, seigneur de Souliers et de dame Marie Courtin de la Dehors, demeurant rue Saint-Claude, en présence de Jean François, soneur, et damoiselle Louise Plinon, et la dicte de l'Hermite assistée de son dict père et de Claude Benoît et de Marc-Anthoine Boulay, lesquels ont signé. Veu le dispense du saint temps de l'Avent donnée. »

Un autre témoin donne quelques renseignements sur M. de l'Hermite, qui paraît s'effacer beaucoup trop dans toute cette affaire qui le touche de si près. Maître Collé, maître menuisier, déclare qu'il connaît le défunt l'Hermite, père de la dite l'Hermite, pour être très honnête homme et l'avoir vu demeurer, il y a environ neuf années, chez le déposant, entre les portes Saint-Jacques et Saint-Marcel, à raison de cinquante livres de loyer par an. Il a toujours été bien payé des loyers dudit appartement jusqu'au décès du sieur de l'Hermite, mort il y a huit ans et qui fut enterré honorablement à Saint-Benoît. Il a ouï dire que Madeleine de l'Hermite avait épousé le sieur Fuzelier, dont il ignore la profession. Il sait qu'il y a neuf années la dite l'Hermite était en religion aux Religieuses anglaises, faubourg Saint-Victor ; il ne l'a vue que quelquefois venir voir son père en chaise.

Cette même enquête révèle que de l'inventaire qui fut fait des biens délaissés par Jean-Baptiste de l'Hermite à la requête de Marie Courtin, sa veuve, il appert qu'il y avait très peu de choses et de très petite valeur, et qu'à la fin du dit inventaire ladite veuve déclara les dettes de son défunt mari.

Tout en tenant compte de l'exagération ou de l'hostilité des dépositions de certains témoins, on voit ce que devait être la gêne des l'Hermite et combien devait leur paraître enviable la fortune de M. de Modène, toute réduite et toute entamée qu'elle était.

Madeleine de l'Hermite put en jouir pendant six années dans le Comtat. Elle fit ses efforts pour s'en assurer la survivance, tant en faisant faire à son profit, par son mari, le testament du 24 décembre 1667 qu'en obtenant de lui, le 27 janvier 1673, une reconnaissance d'un apport en meubles de 25,921 livres 8 sols. Ces six années de vie dans le Comtat dûrent être les plus calmes et les plus heureuses de son existence, mais elles ne devaient pas avoir de lendemain.

Sa mère était restée à Paris : elle avait eu le bon esprit de ne pas suivre à Modène son ancien amant, devenu son gendre. On a plusieurs lettres de Marie Courtin à M. de Modène pendant les années 1672 et 1673. C'est elle qui fait ses affaires, et dans ces lettres il est encore question de discussions d'intérêt avec Mᵐᵉ de Lavardin, la bru de la première femme du comte de Modène, l'amie de Mᵐᵉ de Sévigné. A part la lettre que j'ai fait connaître et qui a trait à Armande Béjart, cette correspondance de Marie Courtin est très peu intéressante. Elle fait part à son gendre des nouvelles singulières, extraordinaires, qu'elle connaît, des monstres, des phénomènes, des choses de la guerre et de la politique et non d'affaires intimes qui auraient aujourd'hui pour nous plus d'intérêt (1). M. de Modène a eu soin de mentionner en tête de chaque lettre la date et un extrait des réponses qu'il faisait à sa belle-mère, ce qui constitue quelques bribes de ses autographes à la fin de sa vie.

M. de Modène s'éteignait le 1ᵉʳ décembre 1673 et aussitôt commençait l'écroulement de la fortune si extraordinaire et par suite si fragile de sa mère l'ancienne comédienne d'Avignon. Les héritiers de son mari furent impitoyables pour elle et ne lui épargnèrent aucune humiliation dans la longue guerre de procédure qu'ils commencèrent contre elle, après la mort de M. de Modène, et qui devait durer cinq longues années.

Dès le lendemain de cette mort elle était réduite aux emprunts. Le 16 décembre 1673, dans une lettre émanée d'elle, signée comtesse de Modène et dirigée contre les prétendus fidei-commissaires, on voit qu'elle a emprunté dix louis d'or de M. Richard, agent des affaires de M. le comte d'Auvergne, à Orange, par les mains de son mandataire P. Barret, qui a signé l'emprunt. Dans une lettre du 24 du

----

(1) De plus ces lettres sont écrites avec une orthographe ultra-fantaisiste.

même mois, écrite d'une fort bonne écriture, elle fait connaître déjà qu'elle consentirait à une transaction pour le principal. Elle est encore dans le château de Modène avec les enfants de la partie adverse : « Cela me fait, à vous dire vray, fort grand peine puisqu'ils occupent la moitié de mon château et que, dans ce qui me reste depuis la mort de mon pauvre mari, il y a perpétuellement du bruit. Jugez ce que je puis faire et cy je ne suis pas à plaindre, Dieu me donnera, s'il luy plaist, la patience qui m'est nécessaire » (1).

Elle ne se laissa pas abattre et lutta énergiquement contre les prétentions du frère de son mari. Aux héritiers de M. de Modène, qui arguaient contre elle de la dissipation et de l'aliénation de la plus grande partie des biens du fidéi-commis et de l'état de ruines des granges et autres immeubles, elle répondit par un état des dettes de M. de Modène s'élevant à 445,610 livres.

Dans cet état de prétentions de dame Magdeleine de l'Hermite, douairière de haut et puissant seigneur M. le comte de Modène, sont inscrites des dépenses de tout genre ; à côté des frais d'enterrement de son mari figurent comme dépensés « 600 livres à M. Moullin, pour ses voyages et dépenses lors de l'emprisonnement de la bataille du feu seigneur de Modène. Au sieur Suquet pour reste du prix de l'achapt de la grange, 4,200 livres. A Esprit Chomoux, idem, 150 livres. Pour l'inventaire des bagues, etc. 8,848 livres. »

A la prétendue nullité de son mariage avec M. de Modène, fondée sur l'existence antérieure de son union avec Fuzelier, toujours vivant, elle opposa toutes les pièces de la procédure qui avait abouti, le 23 mai 1663, à la sentence de nullité de ladite union rendue par l'official de Saint-Germain-des-Prés.

Ce ne fut pas de son côté toutefois que furent déployées les plus grandes habiletés et les plus grandes roueries de la

(1) Dans cette lettre, elle demande des nouvelles du cardinal de Bouillon.

procédure du temps. Ce fut la famille de M. de Modène qui eut recours à tous les moyens que leur suggérèrent et leur animosité contre Madeleine de l'Hermite et les habiletés sans scrupules des jurisconsultes du temps. Parmi ces jurisconsultes consultés par eux, on trouve le nom de Pousset de Montauban, célèbre à la fois comme auteur de tragédies et comme un des plus fameux avocats du XVIIᵉ siècle (1).

Il n'est pas d'humiliation qui ne lui ait été alors prodiguée. On contesta la validité de son mariage avec M. de Modène, de même qu'on contesta celle de la sentence de l'Official, qui avait déclaré nulle son union avec Le Fuzelier.

Les années 1674, 1675, et même une partie de l'année 1678, furent employées à cette bataille où l'honneur de M. de Modène lui-même fut loin de rester sauf.

Les héritiers de M. de Modène furent tellement sans pitié pour leur parent et sa veuve qu'ils produisirent contre eux les accusations les plus graves. Ils demandèrent à ce qu'ils fussent interrogés sur la question de savoir s'ils ne fabriquaient pas des pierres fausses.

« *Item* sera interrogée la dame de l'Hermite, faisant des pierres fausses comme diamants, émeraudes, rubis, etc. *Item*, si ledit sieur comte les scavoit faire aussy et s'il les faisoit avec ladite dame de l'Hermite, et de quel usage ils s'en servoient, s'ils les débitoient et les vendoient. »

A l'enquête on trouve aussi des témoins qui disent que tantôt M. de Modène avait un carrosse, que quelquefois il n'en avait point « et il tenoit chez lui un lapidaire qui lui tailloit des pierres et des diamants qu'il disoit qu'il faisoit venir de Modène en Italie puis les débitoit. »

(1) Cette consultation constitue un autographe de Pousset de Montauban signé de lui. Elle fut rendue sur la question de savoir si un inventaire, signé seulement du mari le lendemain du mariage et quittancé de lui, était ou non un avantage indirect. Elle concluait que M. de Modène avait reconnu lui-même l'inutilité de l'inventaire du 16 décembre 1666, puisque le 27 janvier 1673 il avait reconnu de nouveau par devant notaire le prétendu apport de sa femme.

Ce qui était la cause de ces allégations diffamatoires, c'était la verrerie que Marie Courtin avait fondée au Courval, en Normandie, près de Neufchâtel. Peu de temps avant le mariage de sa fille, Subligny, dans sa *Muse Dauphine* du 30 septembre 1666, insérait en son honneur des vers laudatifs que j'ai cités, et où il disait :

« ..... elle fait du *girasol*,
Et compose un cristal de roche
Dont tout le Milanais avecque son cristal,
Tout naturel qu'il est, n'a rien qui s'en approche....
Ses tables, ses buffets, lustres et chandeliers,
Surpassent de si loin toute manufacture,
Que Madame l'Hermite à parler franc et net,
C'est une rare créature
D'en avoir trouvé le secret. »

Cette profession de Madame de l'Hermite et les accusations qui en rejaillirent sur M. de Modène sont encore une preuve de la communauté d'intérêts et des rapports de toute sorte existant entre elle et Esprit de Rémond.

Tout cela, cependant, finit par une réconciliation. A partir de 1678, de nombreux reçus constatent le rapprochement qui s'était opéré entre les héritiers.

Le 7 décembre 1678, Madeleine de l'Hermite-Modène délivre à son beau-frère Rémond un reçu de 310 livres de pension, dans sa maison d'habitation d'Avignon.

Le 21 décembre 1679, la douairière de Modène délivre elle-même à son beau-frère Rémond, un reçu de la somme de cent escus, pour le semestre de sa pension viagère, commencée le 8 novembre, y compris le prix de la fourniture de bled qu'elle a reçue. Un autre reçu à « son cher neveu » le marquis de Modène, révèle cette fois des sentiments conciliants : « Saluez ma nièce, vostre femme, de ma part ; sy mon neveu le chevalier est près de vous, faites-lui mes baise mains s'il vous plaist. »

De 1679 à 1690, ce sont de nouveaux reçus de 300 livres pour semestre de pension.

Le 11 février 1682, c'est le neveu de Madeleine qui à son tour lui délivre la reconnaissance suivante :

« Je, Jean-Gabriel de Rémond, déclare en faveur de Magdeleine de l'Hermite, ma tante, que bien que par l'acte de transanction d'aujourd'hui devant Mathieu Fabry, notaire à Sarriens, il n'ait pas été fait mention que je doive donner aucune pension à elle, avons convenu que je lui donnerois une pension viagère de 150 livres tournois en recognoissance de ce qu'elle a gratuitement et volontairement désemparé en ma faveur la grange de la Souquette y mentionnée (1). Sarriens, 11 février 1629. »

Mme de Modène, deuxième du nom, dut probablement mourir peu après la fin de l'année 1695. C'est en novembre que je rencontre la dernière mention se rapportant à elle. Le 3 novembre de cette même année je trouve un acquit final, en faveur du comte de Modène, contre M. Isoard, en qualité de créancier de Mme de Modène de l'Hermite, de 400 livres. Le 16 novembre 1695, quittance est faite au nom du comte de Modène (neveu de Madeleine de l'Hermite) qui paya à M. Isoard d'Avignon 400 livres qu'elle lui devait, cette somme prise sur la pension viagère de 600 livres qu'il lui fait.

Il y avait plus de quarante ans que son séjour à Avignon dans la troupe de Molière avait dû faire connaître Madeleine de l'Hermite d'Esprit de Rémond de Modène (2).

(1) C'était la fameuse grange de la Souquette que les l'Hermite avaient vendue en 1661, à Madeleine Béjart et qu'Armande, devenue veuve, avait consenti à revendre aux héritiers de M. de Modène après que ceux-ci eurent transigé avec Madeleine de l'Hermite. Dans l'état des dettes de Rémond de Modène, ainsi qu'on l'a vu, il est dû au sieur Suquet « pour le reste du prix de l'achat de la grange, 4,200 livres. »

(2) Il y avait 67 ans qu'avait eu lieu à Paris, le 19 janvier 1630, le contrat de mariage de Marguerite de la Baume et de M. de Modène, contrat approuvé devant les notaires du Châtelet de Paris, le 23 mai,

De tout cela il ne me semble rien ressortir qui puisse établir que M. de Modène et Marie Courtin de la Dehors n'aient entretenu aucun rapport et que M. Bernardin ait eu raison en essayant de prouver le contraire.

              *
           *   *

Il a été plus heureux, au contraire, en démontrant la parenté de Madeleine Béjart et de Marie Courtin. J'avais moi-même, le 15 février 1887, établi ce point dans un article de journal (1) que je reproduis ici.

« Qui n'est pas tant soit peu Moliériste aujourd'hui ? On l'a dit : « Savoir lire, c'est aimer Molière ». Et comment aimer Molière sans s'intéresser à sa biographie, aux questions encore bien obscures qui ont trait à son entourage et dont la solution aiderait mieux à connaître sa vie.

Une, entre autres, intéresse vivement l'histoire de Madeleine Béjart et de Molière, depuis que quelqu'un de ma connaissance a récemment révélé les liens intimes qui ont existé, d'une part, entre le baron de Modène et Marie Courtin de la Dehors, femme de Jean-Baptiste de l'Hermite, et de l'autre, entre Madeleine Béjart et cette même Marie Courtin. Cette dernière, on le sait, fut actrice de la troupe de la Béjart et resta toujours, en apparence, son amie, bien qu'elle ait été sa rivale, et qu'elle l'ait supplantée auprès de M. de Modène. Mais le point sur lequel on reste encore dans le doute, c'est celui de la parenté et de l'alliance pouvant exister entre ces deux femmes et qui seules permettent d'expliquer que leurs relations aient survécu à tant de causes capables de les briser.

par son père, qui lui donnait le tiers de ses biens présents et à venir, mais avec défense de les vendre. Ce dernier faisait son testament le 29 avril 1631.

(1) *Union de la Sarthe.*

« Il faudrait être fixé, je l'ai dit (voir *M. de Modène, ses deux femmes et Madeleine Béjart*, p. 478), sur cette soi-disant parenté entre Madeleine et Marie Courtin de la Dehors, pour voir clair dans la question énigmatique des singuliers rapports qui ont existé entre elles. » Ces *deux amies* de M. de Modène ont-elles été parentes ?

La seule chose que j'aie prouvée, et qu'on ne pouvait assurer jusqu'à ce jour, c'est que Simon Courtin, choisi comme curateur de Madeleine, en 1636, était le mari de la marraine qui avait tenu sur les fonts de Saint-Gervais cette même Madeleine, en 1618, c'est-à-dire dix-huit ans plus tôt, et que Beffara, sauf erreur de sa part, appelle du nom de Magdeleine Nolles. Et comme le parrain de l'enfant n'était autre que son oncle paternel, Pierre Béjart, j'en ai induit que la marraine devait être sa parente maternelle, probablement au même degré, et Simon Courtin son allié au degré d'oncle.

La parenté ou l'alliance entre Simon Courtin et les Béjart était donc désormais un fait acquis, une chose évidente. Mais ce Simon Courtin et la femme de Jean-Baptiste de l'Hermite, Marie Courtin de la Dehors, appartenaient-ils à la même famille ? Madeleine Béjart était-elle parente de Marie Courtin ? Cela restait à l'état d'énigme.

On avait bien, vaille que vaille, essayé de montrer entre elles des relations de parenté, mais soit avec des inexactitudes par trop visibles, comme l'avait fait Édouard Fournier, dans le *Roman de Molière*, soit avec des variations singulières, qui enlevaient aussi toute créance à cette opinion. Du reste, tant qu'une allégation n'est pas appuyée d'un document, elle est aujourd'hui non avenue auprès de la critique sérieuse ; quant aux présomptions, elles n'ont d'autre valeur que les raisons, bien ou mal fondées, sur lesquelles elles se basent.

Cette preuve de parenté entre les deux rivales, je viens enfin la donner aux Moliéristes. Elle résulte d'un document de quelques lignes, qui en apprend plus qu'il n'est long, et aide à comprendre, dès lors, bien des faits, qu'on avait peine à s'expliquer en son absence.

Un des dossiers Courtin, du Cabinet des titres, à la Bibliothèque nationale, contient la mention suivante :

« 2 mars 1636, Paris : Mariage de Jean-Baptiste de l'Hermite avec Marie Courtin, assistée de Simon Courtin, son père, et de *Joseph Bézard*, son beau-frère » (1).

Voilà enfin la lumière faite sur cette parenté énigmatique. Marie Courtin de la Dehors est si bien la parente de Simon Courtin qu'elle en est la fille. Les liens ne peuvent être ni plus intimes ni plus rapprochés, et voici en outre ce qui précise son degré de parenté avec les Béjart. Elle a l'huissier Joseph Béjart pour beau-frère. Son alliance avec lui est bien et dûment établie, si étroite même, qu'on pourrait s'en étonner et trouver maintenant qu'elle est sa trop proche parente.

Joseph Béjart, beau-frère de la femme de Jean-Baptiste de l'Hermite ! Qui l'eût cru ? Comment cela peut-il se faire ? S'il est bien réellement son beau-frère, au sens vrai et rigoureux du mot, il faut qu'il ait épousé sa sœur, ce qui ne peut s'expliquer que de deux façons. Ou bien il s'est marié à une Courtin en premières noces, ce qui ne doit ni ne peut être la bonne explication, pour bien des motifs qu'il serait trop long de rapporter ici, ou bien sa femme, Marie Hervé, est la sœur de mère de Marie Courtin, ce qui revient à dire que Marguerite Nolles, la femme de Simon Courtin, a épousé un Hervé en premières noces et a eu Marie Hervé pour fille de ce premier mariage.

(1) Je dois la connaissance de cette pièce à la courtoise obligeance du vicomte de Poli, bien connu de tous les lettrés, et que ses connaissances héraldiques (et ses études sur la *Généalogie des Courtin*) mettent à même de bien savoir l'histoire des anciennes familles. — La pièce porte écrit Joseph Bézard ; mais il doit bien évidemment s'agir là de Joseph Béjard, dont le nom est souvent écrit *Bézard*, de même que celui de Madeleine, sa fille.

Il n'y a pas d'autre moyen, si je ne me trompe, d'expliquer comment Joseph Béjart peut être le beau-frère de Marie Courtin, à moins de supposer que Marie Hervé seule était réellement la belle-sœur de la mariée, et que son mari n'a été décoré, que par extension et par amicale complaisance, de ce titre de beau-frère, alors que sa femme seule était alliée à un degré semblable avec Marie Courtin.

Le document du Cabinet des titres n'est qu'un extrait, sujet à erreur, à cause de sa brièveté même. J'avoue que j'eusse été plus disposé, pour ma part, à voir dans Joseph Béjart le beau-frère de Simon Courtin, père de la mariée. Cette alliance m'eût semblé mieux s'accorder avec les dates. Car, si Marie Hervé est sœur (utérine) de Marie Courtin, il faut bien reconnaître qu'elle est âgée de vingt ans environ de plus que cette dernière. Si Marie Courtin est tante de Madeleine Béjart, il s'ensuit qu'elle doit avoir, à quatre ou cinq ans près, le même âge que sa nièce. Il eut donc paru plus vraisemblable de supposer, entre les deux femmes, des relations de cousine à cousine, plutôt que celles de tante à nièce. Mais force est bien de s'en tenir actuellement au document de la Bibliothèque nationale. Une copie intégrale de l'acte ou du contrat de mariage pourrait seule donner une certitude plus complète que le laconique extrait du Cabinet des titres, et offrir, quant à son contexte, une plus grande authenticité. Jusqu'à preuve contraire, Madeleine Béjart doit donc être regardée comme la nièce de Mᶫᶫᵉ de l'Hermite, pour parler le langage du XVIIᵉ siècle.

Non seulement on comprend mieux maintenant le choix de Simon Courtin, en janvier 1636 (deux mois avant le mariage de sa fille), comme curateur de Madeleine Béjart, dont sa femme est la grand'mère et la marraine, on comprend que, vieux comme il devait être, (on ne le voit plus curateur de Madeleine en 1643), il se soit montré plein de faiblesse et de tolérance à l'égard de la jeune émancipée et de

3

la précoce propriétaire de l'impasse Thorigny ; mais ce que dès lors on s'explique plus facilement, c'est l'intervention de Jean-Baptiste de l'Hermite en 1638 au singulier baptême de l'enfant de Madeleine Béjart et du baron de Modène, à côté de sa belle-sœur Marie Hervé, la digne ancêtre de *Madame Cardinal*. On se prend plus que jamais à soupçonner que le parasite du baron n'a peut-être pas été pour rien dans la chute de sa nièce, et dès lors on n'est plus étonné par les points de contact qu'on rencontre et qui avaient lieu de surprendre entre Madeleine Béjart et Marie Courtin, et par suite, entre J.-B. de l'Hermite et Molière.

. On s'explique l'émotion que durent ressentir Madeleine et sa famille lors de l'emprisonnement de J.-B. de l'Hermite et de sa femme, à la suite de la conspiration de Sedan. On ne trouve pas impossible même qu'Armande ait pu être élevée par sa tante, Mlle de l'Hermite. On comprend que les l'Hermite père et mère et leur fille Madelon soient entrés dans la troupe des Béjart et de Molière, qui était en grande partie composée des membres de la même famille, et où ils ne faisaient ainsi que grossir le nombre des parents. C'est bien le cas de dire : Où pouvaient-ils être mieux qu'au sein de leur famille ?

On n'est plus étonné de voir des tripotages d'affaires se conclure entre Marie Courtin et Madeleine, et la première vendre à l'autre, en un moment de gêne, le petit bien de la Souquette, dans le comtat Venaissin, avec espérance peut-être de le rattraper un jour. On les trouve sans surprise, à Paris, logées près l'une de l'autre, et y assistant ensemble, le 26 août 1659, au contrat de mariage d'une amie commune, Anne Gobert. On n'est pas dupe toutefois de ces apparences ; bien des jalousies et des rancunes se devinent sous cette surface d'amitié. On ne peut oublier qu'elles se sont partagé (l'une après l'autre) les faveurs de M. de Modène ; mais on se rend compte que, bien qu'ennemies intimes en réalité, elles ont voulu laver leur linge sale en famille, puisque linge sale il y a. Malgré toute cette vie, qui sent trop, hélas ! la bohême, Madeleine, la fille de l'huissier Béjart, a baissé pavillon, devant sa tante, et s'est effacée derrière la femme de messire Jean-Baptiste l'Hermite de Souliers, chevalier, gentilhomme servant du Roi. Et, dès lors qu'elle n'a pas voulu ou n'a pas pu engager la lutte contre sa parente, et qu'elle a dû renoncer à M. de Modène, on se rend mieux compte aussi (et c'est là le point capital), comment elle s'est attachée à Molière qui n'a pas eu à souffrir d'un partage humiliant.

A côté de la noblesse réelle de Jean-Baptiste de l'Hermite, quelle pouvait être l'origine de sa femme, qui ajoutait à son nom de Courtin celui de la Dehors, pour qu'il ne fit pas trop mauvaise figure à côté de celui de son mari?

En 1618, lors du baptême de Madeleine Béjart, Simon Courtin est simplement dit bourgeois de Paris. Appartient-il à une des branches des Courtin qui arrivèrent de bonne heure à la noblesse, et ont laissé un nom bien connu dans l'histoire du XVIIe siècle? C'est peu probable ; on ne saurait toutefois rien affirmer à cet égard. L'incendie des registres de l'état civil de Paris, en 1871, ne permet plus de résoudre promptement cette question de généalogie, que le nombre considérable des Courtin existant alors rend assez délicate. Mais je ne crois pas qu'on puisse voir dans le bourgeois de 1618 un Simon Courtin, homme de guerre au régiment de Conti, en 1641; ni un autre dit homme de guerre à l'armée de Roussillon, au régiment de Boisse, le même jour, 3 juin 1641. S'agirait-il là de son fils? Je me contente de garder sur ce point le silence prudent de Conrart, de même que sur un troisième Simon Courtin, dont on a cité le nom à propos du curateur de Madeleine Béjart.

La personne de ce modeste bourgeois de Paris ne mérite pas qu'on se mette l'esprit en peine à son propos. On ne peut d'ailleurs tout savoir, et l'on doit se contenter le plus souvent de clartés mêlées d'ombres. La lumière est désormais faite sur la parenté de Madeleine et de Mlle de l'Hermite. C'est là un fait important en lui-même et dont la connaissance doit suffire pour satisfaire les curieux. »

Cette découverte n'a pas tardé à être confirmée par celle d'un autre document, par un acte de baptême signalé dans l'*Intermédiaire des chercheurs et des curieux* par M. Forteau, trésorier de la caisse d'épargne à Étampes. C'est M. Bernardin qui en a dévoilé tout l'intérêt et a aidé à sa notoriété dans un chapitre de son livre *Hommes et mœurs au XVIIe siècle*, (Paris, 1900), intitulé : *Un Mari d'actrice, le chevalier de l'Hermite-Soliers*. Voici cet acte tiré des registres de la paroisse d'Angerville : « Le 25e jour de février 1636, ai baptisé Madeleine fille de Jean-Baptiste Tristan l'Hermite, écuyer, seigneur de Saint-Prat et de damoiselle Marie Courtin. Le parrain François Le Breton..... parisien : la marraine Marie Hervé, tante de l'enfant, bourgeoise de Paris ; Chevalier, curé. »

La femme de l'huissier Joseph Béjart se révèle donc bien clairement comme la tante de la jeune Madeleine l'Hermite, la future comtesse de Modène (1).

Madeleine Béjart et Marie Courtin de la Dehors sont donc bien et authentiquement parentes ; l'une est la cousine-germaine de l'autre et non sa tante à la mode de Bretagne. Cela éclaire bien des choses dans les rapports des l'Hermite

(1) On remarquera que l'extrait de l'acte de mariage de l'Hermite et de Marie Courtin ne les dit mariés que le 2 mars 1636, c'est-à-dire *cinq jours* environ après la naissance de leur fille. *Si cette date est bien exacte*, l'union entre eux n'aurait donc été décidée qu'*in extremis* par suite même de la naissance de l'enfant. Rien d'étonnant, d'autant plus qu'on a affaire à des acteurs de campagne courant la province et que la promiscuité de la vie commune amenait fatalement une extrême liberté de mœurs. — Il n'y avait pas longtemps que la troupe avait quitté Paris puisque, le 10 janvier 1636, le conseil de famille, dont faisait partie Simon Courtin autorisait Madeleine, la fille de Béjart, à contracter un emprunt pour l'achat d'une maison impasse Thorigny, à Paris.

et de Madeleine, qui sans cela paraissaient étranges et qui peuvent dès lors s'expliquer plus facilement.

*
* *

M. Bernardin, que son savant livre sur *Tristan l'Hermite* a appelé tout naturellement à scruter la vie du frère de ce dernier, en a conclu, non seulement que (ce que j'avais précisé moi-même) Armande Béjart avait dû être élevée par sa parente Marie Courtin de la Dehors, mais chose plus grave, qu'Armande Béjart devait être la fille de Madeleine et du comte de Modène, comme l'avait pensé Fortia d'Urban.

Je ne crois pas que ce soit le lieu de revenir ici sur l'origine d'Armande. Tant qu'on n'aura pas trouvé une preuve décisive de sa filiation, il est complètement inutile de la discuter plus longtemps et de combattre des présomptions par d'autres qui n'ont pas plus de valeur.

J'ai dit moi-même, bien que je n'aie pas adopté cette opinion, que la reconnaissance d'Armande comme fille du comte et de Madeleine Béjart aiderait à expliquer bien des faits, mais j'ai trouvé tant d'obstacles à cette identification que je n'ai pas cru devoir l'adopter. Marie Courtin de la Dehors et Madeleine Béjart nous apparaissent comme deux commères vivant ensemble de pair à compagnon, mais sans qu'on puisse en rien faire découler sur la filiation d'Armande (1).

Il faut donc attendre de l'avenir *ancorà più di luce.*

---

(1) On remarquera que les Béjart brillent par leur absence au mariage de Madeleine de l'Hermite et de M. de Modène, que Marie Courtin *débine* Armande auprès du comte de Modène, ce qu'elle n'eut sans doute pas été si empressée de faire si celle-ci avait été la fille du comte et la sienne.

CHAPITRE III

DERNIERS DOCUMENTS SUR LES COMÉDIENS
DE CAMPAGNE ET LES OPÉRATEURS AU XVIIᵉ SIÈCLE

État des recherches sur l'identification des comédiens de la troupe du *Roman Comique*. — Filandre dans les Pays-Bas, « comédien de la reine de Suède ». — Son séjour dans le Midi de la France, au moment du mariage espagnol. — Nicolas de Vis, sieur des Œillets. — Les opérateurs au XVIIᵉ siècle : l'*Orviétan*, les Charlatans à Dijon, Pierre Métro à Baugé (1638). — Françoise Mesnier, qu'on voit figurer sur un acte passé à Poitiers en 1651, est-elle la même que La Caverne du *Roman Comique ?* — Nicolas Desfontaines et Roquebrune.
Nouveaux documents sur les comédiens de M. le Prince. — Filandre jusqu'en 1670. — H. Pitel, sieur de Longchamp, et Michel du Rieu, après la retraite de Filandre. — Les pérégrinations de leur troupe. — La troupe du *Dauphin :* Les Raisin et Villiers. — A Rouen et à Chantilly. — Autres troupes de comédiens en Bourgogne. — Discordes : « La grande affaire des comédiens. » — La fin de la troupe de Condé. — A la Comédie Française. — Reconstitution de la troupe de M. le Dauphin.
Les comédiens français à l'étranger. — Au Nord de l'Allemagne, d'après *la Relation d'un voyage de Copenhague à Brême* (1676). — La troupe du prince d'Orange. — La construction d'un théâtre à Bruxelles en 1662 ; Brécourt en Hollande, en 1681.
Renseignements isolés. — Les comédiens du roi à Mâcon en 1667. — Un mariage de comédiens à Vannes en 1677. — Denis de Nanteuil à Angoulême en 1685. — La troupe du duc de Lorraine à Troyes. — Une marquise devenue comédienne : Mˡˡᵉ Bertignon. — Une curieuse affiche. — Le théâtre du Mans au XVIIIᵉ et au XIXᵉ siècle. — Vieilles affiches du théâtre du Mans du XVIIIᵉ siècle.

Il me faut maintenant ajouter quelques pages à celles que j'ai écrites sur les comédiens de campagne dans la *Troupe du Roman Comique dévoilée et les Comédiens de campagne au XVIIᵉ siècle* (1876). Depuis cette époque, l'histoire des comédiens de campagne est mieux connue dans ses commencements (1). On est remonté plus haut que le premier tiers du XVIIᵉ siècle, et l'on a montré que, dès le XVIᵉ siècle, il y avait des troupes nomades qui couraient la province, alors que, dans plusieurs villes déjà, des troupes stables contribuaient aux plaisirs de leurs concitoyens. Mais pour les premières années de la seconde moitié du XVIIᵉ siècle, c'est-à-dire pour l'époque contemporaine de Scarron, de Molière et de Filandre on a peu étendu le cercle des découvertes. Je viens apporter au public les résultats auxquels je suis arrivé pour ma part.

J'ai traité, dans mon étude sur *La troupe du Roman Comique dévoilée et les comédiens de campagne au XVIIᵉ siècle*, des comédiens que Scarron a dû rencontrer dans le Maine, auxquels il a donné le beau rôle de son roman et qu'il a mêlés à ses personnages provinciaux, tous ridiculisés sauf M. de la Garouffière. Je l'ai fait trop longuement pour qu'il me soit besoin de revenir aujourd'hui sur leur compte, et j'ai démoli la légende qui voyait dans Molière et dans sa troupe les acteurs mis en scène par Scarron dans le *Roman Comique* (2). Disons seulement que j'ai iden-

(1) M. Rigal, *(Les Théâtres de Paris de 1548 à 1635*, 1887, in-18 p. 53 et *le Théâtre avant la période classique*, p. 63), a précisé les renseignements divers que j'avais donnés sur les débuts des comédiens de M. le Prince. Il dit que, vers 1614, la troupe de Claude Husson, dit Longueval, revenant de province, joua un instant à l'hôtel de Bourgogne avec le titre de *comédiens ordinaires de M. le Prince*. Ainsi que je l'ai dit, Hugues Scelerier et ses associés jouent en 1630 au faubourg Saint-Germain avec le même titre de *comédiens de M. le Prince*. La même année, du Rossay, Beaupré et leurs associés, dits comédiens de Mᵍʳ le duc d'Angoulême, donnent des représentations au faubourg Saint-Germain, et les comédiens du roi leur réclament le droit de soixante sols par représentation.

(2) M. Brunetière, écrivait dans la *Revue des Deux-Mondes* du 1ᵉʳ décembre 1884, p. 701 : « Paul Lacroix a fait la fortune de quelques-unes des inventions qui se trouvent encore aujourd'hui mêlées à la biographie du poète. C'est lui qui le premier s'est avisé par exemple d'aller chercher dans le *Roman comique* de Scarron la troupe de Molière, de retrouver Madeleine Béjart dans Mˡˡᵉ de l'Étoile, Molière

tifié le *Léandre* du *Roman Comique* avec le célèbre comédien *Filandre*, de son vrai nom Jean-Baptiste de Mouchaingre. Je l'avais appelé de Monchaingre, croyant que la
tradition orale n'avait pas fait fausse route ; mais les actes
de l'état civil, que j'ai consultés moi-même, et la pièce dont
je devais communication à l'obligeance de M. Benjamin
Fillon, m'ont convaincu, ainsi que le pensait feu Célestin
Port, qu'il s'appelait bien Mouchaingre. Se rencontrant
à Saumur avec la troupe de Floridor dès 1638, il vivait
encore à la fin du siècle, seigneur de la Brosse, en Anjou,
officier et protégé de Monsieur le Prince dans sa baronnie
de Trèves, concierge du château de Brissac, et enfin inhumé
à Trèves le 25 avril 1691, à l'âge de 75 ans (1).

lui-même dans le comédien Destin et ainsi, pour plusieurs années, de
dépister les chercheurs en dirigeant leur enquête sur une région de la
France que Molière et sa troupe de province n'ont jamais exploitée.
Car nous connaissons aujourd'hui la troupe du *Roman comique* ; nous
savons les originaux qui passèrent devant Scarron et nous pouvons
affirmer que ce n'étaient ni Molière ni ses amis les Béjart. Mais il y a
fallu du temps, et le nom du bibliophile a tellement accrédité l'hypo-
thèse qu'encore je ne répondrais pas qu'elle ait fini de faire partie de
la biographie de Molière. »
    Un de nos plus célèbres Moliéristes, L. Moland, disait de même :
    « Une légende aimable, par laquelle nous nous étions laissé séduire
un moment, a voulu voir dans le *Roman comique* de Scarron la
peinture de la troupe nomade échappée de *l'Illustre Théâtre*, et particulièrement dans le jeune Poquelin et Madeleine Béjart les originaux
de Destin et de Mlle de l'Étoile. Elle ne résiste pas à un examen tant
soit peu attentif. M. Henri Chardon l'a démolie avec une vigueur toute
mathématique dans son histoire de la *Troupe du Roman comique dévoilée*, où, procédant par éliminations successives, il arrive à démontrer
que c'est Mouchaingre, dit *Filandre*, et ses acteurs ambulants, qui ont
dû servir de modèles à l'écrivain burlesque. Rien d'ailleurs ne diffère
plus de la vie précaire et misérable de Roquebrune, Léandre, la Rancune et la Caverne que la vie abondante et facile menée par le jeune
Poquelin et ses compagnons. »
    (1) Dans le répertoire de l'étude de M. Lefebvre, notaire, rue Tronchet,
à Paris, on trouve, à la date du 28 octobre 1630 : *Obligation de Georges-
André de Mouchaingre*. Malheureusement les minutes du dernier
trimestre de 1630 manquent chez ce notaire.

J'ai également identifié sa femme *Angélique* Mesnier (1),
enterrée le 31 avril 1695, à l'âge de 78 ans, dans l'église de
Brissac, ville où son fils était mort le 5 avril 1670, avec
l'Angélique du *Roman Comique*, fille de la Caverne. — Ils
avaient quitté le théâtre en 1670.

Je n'ai rien à modifier à ce que j'ai écrit, sauf le point
suivant. Après avoir dit que Mouchaingre se trouvait dans
les Pays-Bas en 1656 et 1657 et qu'il y était qualifié de
comédien de la reine de Suède, j'avais pensé qu'il était allé
dans ce lointain pays, dès lors comme aujourd'hui hospitalier
aux Français. Je me suis aperçu que c'était une erreur. La
reine de Suède, la fameuse Christine, se trouvait alors,
ainsi qu'on le verra bientôt, dans les Pays-Bas : c'est à cette
époque que Filandre joua devant elle et devant le prince de
Condé, de la troupe duquel il était probablement déjà le chef.
C'est ce qui lui permit de prendre le titre de *Comédien de
la reine de Suède*. On voit en effet la reine aller alors au
théâtre avec le prince de Condé, comme je le dirai tout-à-
l'heure plus longuement.

Je n'ai que peu de choses à ajouter aux renseignements
que j'ai donnés sur les comédiens de M. le Prince à l'époque de Scarron (2). Il en existe, au contraire, pour l'époque
qui suit la publication du *Roman Comique*. M. Gustave
Macon, bibliothécaire de Chantilly, a publié de curieux
documents puisés dans les archives des Condé, allant de
1676 à 1686. Mais Mouchaingre avait pris sa retraite dès
1667 et définitivement en 1670. A partir de cette date, c'est
Henri Pitel de Longchamp et Michel du Rieu qui ont pris
la direction de la troupe dont ils faisaient partie depuis
longtemps déjà. M. Georges Monval a, de son côté, donné
sur ces comédiens, quelques renseignements dans sa bro-

(1) Elle signe Angélique Mesnier. On la trouve appelée Meusnier,
Moulnier, Moinier, Le Mousnier.

(2) Voir cependant ce que j'ai écrit dans mes *Nouveaux Documents
sur les comédiens de campagne et la vie de Molière*, I, pp. 28-29.

chure sur *Le théâtre à Rouen au XVII⁰ siècle* (1893, grand in-8°), apportant quelques rectifications à celle de M. Nourry (1).

J'ai heureusement un document à faire connaître pour une époque antérieure à celle de 1670, date à laquelle Filandre a définitivement quitté le théâtre, précédant même la présence de la troupe à Saint-Jean-de-Luz, au moment du mariage de Louis XIV et de Marie-Thérèse.

Le 14 mai 1652, à Nantes, paroisse Saint-Léonard, a lieu le baptême de « un enfant masle, fils de honestes personnes Henry Piter (*sic* pour Pitel), sieur du Longchamp, comédien du roy, et de Charlotte de Belleville, nommé Nicolas par honeste homme Nicolas Drouin, dit Dorimont, et honeste fille Anne Millot » (2).

---

(1) Voir M. Nourry, *Les Comédiens à Rouen au XVII⁰ siècle*, d'après les registres de Saint-Éloi. Rouen, 1893 petit in-8° de 41 p. Tiré à 40 exemplaires.

(2) Voir *Inventaire des Archives communales de Nantes* (2 vol. in-4°) t. II, p. 313. A la même page se trouve la mention suivante de l'acte relatif à la troupe où se trouvait Molière. — « Saint-Léonard. Le lundi 18ᵉ jour de mai 1648 a esté baptisée Ysabelle, fille de noble homme Pierre Réveillon et de Marie Biet, sa femme, de laquelle a esté parrain messire Louis Boju, seigneur de la Ménolière, conseiller du roy et son président au Parlement de Bretagne; maraine, dame Ysabelle Poullain femme d'escuyer Cœsar de Renouard, sieur de Drouges, conseiller du roy et maître ordinaire de ses comptes en Bretagne, par moi soussigné recteur ». Ont signé Louis Bouin, Ysabelle Poullain, L. Menardeau, Réveillon, du Breil, de Régnier, *M. Béjart, Marie Hervé*, Cressanville, *Dufresne, Duparc*, Fouqueau, François Seuvrot. — P. Ouarq, prêtre. — La plupart des signataires sont des comédiens, compagnons de Molière dans la troupe du sieur Dufresne alors à Nantes, au jeu de Paume de la ville (et non à celui des Carmes, sur la façade duquel on a posé une plaque commémorative, mise là par erreur) (Note de M. de la Nicolière Tejeiro, archiviste de la ville). — Le parrain et la marraine appartenaient à la haute société de Nantes : le président Boju et sa femme L[ucrèce] Ménardeau, César de Renouard et sa femme Isabelle Poullain comptaient parmi les plus notables; par suite d'une mauvaise lecture, au lieu de *Boju*, on a imprimé *Boin* (Je dois la communication de cette note à la bienveillance de M. Saulnier, conseiller honoraire à la Cour d'Appel de Rennes, hier encore président de la Société archéologique d'Ille-et-Vilaine, que je ne saurais trop remercier.)

Quelques mois après Henri Pitel (appelé encore cette fois *Piter*) assistait le 29 juillet dans l'église Saint-Cybard de Poitiers avec sa femme Charlotte Legrand au curieux mariage ·de Philbert Gassot, dit du Croisy, avec Marie Claveau (1).

Mais ces deux comédiens n'appartenaient pas dès lors à la troupe de Filandre, où on ne les trouve entrés que postérieurement, et dont ils devaient avoir après lui la direction.

Les comédiens français allaient depuis longtemps en Hollande. Constantin Huygens, écrivant à Corneille le 31 mai 1649, parle de l'effet prodigieux qu'ont produit les représentations de ses pièces *données en Hollande par la troupe royale que dirige le comédien Floridor*. Il charge aussi ce dernier d'être l'interprète de sa gratitude auprès de Corneille, pour le présent qu'il lui a fait d'un exemplaire de ses œuvres (6 mars 1649) (2).

Le séjour de la reine de Suède dans les Pays-Bas vint appeler de nouveaux comédiens français dans ces parages. Christine, l'Amazone du Nord, après avoir abdiqué le 6 juin 1654, et s'être rendue à Hambourg, le 10 juillet, était arrivée le 12 août 1654 à Anvers.

On sait que, à Stockholm, le règne de Magnus de la Gardie avait été celui de la politique française et celui

(1) Voir Bricauld de Verneuil, *Molière à Poitiers*, p. 27 ; H. Chardon, *Molière à Poitiers*, l'*Union de la Sarthe*, 22 février 1887 ; les signatures ont été reproduites par M. Clouzot (*Le théâtre en Poitou*, p. 111) et sont celles de *Longchamps, Charlotte Legrand*.

(2) Émile Michel, *Constantin Huygens* (*Revue des Deux-Mondes*, 1er juin 1893, p. 592). J'ai déjà parlé de la lettre des Dubuisson à d'Hozier, écrite de La Haye le 21 mars 1638, où il dit : « Les comédies ne nous manquent point un seul jour, si ce n'est le dimanche...... » — Ils continuèrent longtemps à se rendre en Hollande ; j'ai fait connaître (*La Troupe du Roman Comique dévoilée*, p. 153 et suivantes) qu'en 1662 et 1663, Dorimond, chef de la troupe des comédiens de Mademoiselle, s'était rendu dans les Pays-Bas et y avait joué avec son frère à La Haye, à Bruxelles, et sans doute à Anvers, où il fit imprimer une de ses pièces, etc., etc.

de l'esprit, de la littérature et des modes de Paris. Les artistes français avaient afflué en Suède. On y avait vu successivement Chevreau, secrétaire des commandements de la reine, Naudé, Saumaise, Descartes, Bochart, Huet, Sébastien Bourdon, Nanteuil. Vint le médecin Bourdelot qui transforma le palais, en fit un petit Louvre de plaisirs. Christine, dont on peut dire qu'elle joua la comédie toute sa vie, dansa des ballets, se déguisa, berna les savants. Elle quitta les études sérieuses pour se livrer à des *ludicra et inania*, sous l'influence d'un charlatan (voir une lettre de Henri de Valois à Heinsius, en 1653). Aussi Benserade déclina-t-il une invitation de la reine. Bourdelot s'en alla de Suède dans l'été de 1653, chargé de présents, et recommanda à Mazarin d'avoir des attentions pour la reine. Elle faisait prévoir sa prochaine abdication dès le 11 février 1654. Montglat dit qu'elle s'était adonnée à la lecture des poètes et des romans et que, pour faire une véritable vie de roman, elle résolut de renoncer à la couronne. Elle s'enfuit de Suède en aventurière, se rendit en Flandre, à l'armée de Condé, « pour faire le coup de pistolet », se montra à l'Europe afin de recueillir des applaudissements, commençant une existence vagabonde. « On croirait assister à la tournée d'un cirque ambulant ». Christine donnait çà et là une représentation ; elle coupait la pièce noble d'intermèdes comiques de sa façon. A Bruxelles, où elle s'attarda plusieurs mois, elle mena une vraie vie de carnaval. « Enfin je n'écoute plus de sermons » disait-elle ; elle les avait, du reste, toujours eus en horreur. Plus tard, à Insprück, le 3 novembre 1655, on lui offrait la comédie : « Messieurs, disait-elle, il est bien juste que vous me donniez la comédie, après vous avoir donné la farce. » Mademoiselle dit de cette femme, unique entre toutes, qu'elle avait des postures de Trivelin et de Jodelet (1).

(1) Cf. Arvède Barine, *Christine de Suède* (*Revue des Deux-Mondes*, 15 octobre 1888.

C'est à l'époque du séjour de cette étrange souveraine dans les Pays-Bas que se rapportent les quelques renseignements sur les comédiens français de la troupe de Filandre en ce pays.

« Par une espèce de galanterie qui cachait peut-être quelque nouvelle intrigue politique, Mazarin, malgré la guerre, fit partir de Paris une troupe de comédiens pour divertir Christine à Bruxelles » (1).

Dans cette ville où, dès le lendemain de son entrée, elle faisait secrètement profession de la foi catholique, elle assistait à la comédie. Moitié curiosité, moitié intrigue, elle y allait avec le prince de Condé (2), dévouée qu'elle était à l'Espagne et à l'ambassadeur Pimentelli.

Dans une lettre à la comtesse Ebba Spars, elle dit : « Je suis bien avec tout le monde, excepté avec le prince de Condé, que je ne vois jamais qu'à la Comédie et au Cours » (3).

A ce moment Filandre joua devant elle. Il dut à cette circonstance, et non à un voyage sur les rives de la Baltique, son titre de *comédien de la reine de Suède*. Il prolongea quelque temps son séjour dans les Pays-Bas, et dans les états du prince d'Orange (4). C'est alors, vers le prin-

(1) V. les *Anténors modernes*, Paris, édit. Buisson, 1806, 3 vol. in-8, I, 141. L'auteur fait dire plus loin (p. 223) à un de ses personnages : « Il est vrai que Mazarin nous donne la comédie à Bruxelles avec moins de frais et de périls qu'à Paris ».

(2) V. *Histoire des princes de Condé*, par le duc d'Aumale. Nous verrons plus loin le grand Condé pendant ses années de retraite à Chantilly « installer, près de lui chaque année pendant des mois, une troupe de comédiens, dont la direction appartient aux Pitel, puis à Raisin, dit le Petit Molière, et auxquels il distribue lui-même les rôles, dont il choisit le répertoire, guide les répétitions et règle les différends ».

(3) *Ut supra*, p. 142. — Voir aussi *Négociations* de Pierre Chanut, 1648 ; — *Mémoire de ce qui s'est passé en Suède de 1645 à 1655* par Linage, Paris 1676, 3 vol. in-12. — *Histoire de Suède* de Geyer, traduite par Sundblad, 1844, in-4; — et les *Mémoires* publiés par Archenholtz, etc.

(4) Il est encore à Bruxelles le 28 mai 1657 et y donne procuration à Noël Viot, boucher de Paris.

temps de 1655, qu'il rendit mère sa servante, Marthe Bois-
seau, dont l'enfant, qu'il voulut bien prendre à sa charge
« pour la faire nourrir, instruire et élever à la foy catholique, apostolique et romaine, » est dite avoir dix-sept mois
ou environ, à la fin d'avril 1657 (1).

On ne pouvait, du reste, passer les frontières de France
au XVIIᵉ siècle sans rencontrer à l'étranger des comédiens
français. Je ferai connaître plus loin quelques documents
curieux à cet égard.

Ce n'est qu'à la veille du mariage de Louis XIV avec
Marie-Thérèse qu'il est très probablement permis de retrouver trace de la troupe de Filandre en France. Le 7 septembre 1659, Marianne Mancini écrit de La Rochelle au cardinal
Mazarin, son oncle :

> « J'ai été à la Comédie
> Où je me suis fort divertie,
> Mais je ne pourrai plus y aller
> Parce que l'argent a manqué. »

Bartet, l'agent du cardinal, lui écrit de Bordeaux le 14
septembre : « Mademoiselle Mancini donna un bal précédé
d'une comédie : Monsieur et toute la cour y étaient ; le roi
ne voulut pas paraître ; Monsieur donna aussi une comédie. »
Et encore : « Le roi assistait à la comédie presque tous les
soirs : il en fit représenter une le jour de la naissance de
l'infante. » Il ajoute, quelques jours plus tard :
« Il arriva ici avant-hier des comédiens français, qui
vont en Hollande (2), ils ont passé à La Rochelle ; on les

---

(1) Voir *la Troupe du Roman Comique dévoilée*, p. 165 et suivantes.
— Cette fille, *Jeanne*-Françoise *Mouseingre*, est sans doute la même
enfant que la petite *Jeanneton* Filandre, dont on trouvera plus loin la
signature à Rennes, à côté de celle de son père, le 3 juillet 1663.

(2) N'en venaient-ils pas plutôt? Avant d'arriver à Bordeaux, le
16 août 1659, Louis XIV avait écrit aux jurats de lui faire préparer
un théâtre « pour son divertissement pendant son séjour » dans la

appelle *les comédiens de mademoiselle Marianne*, parce qu'elle les faisait jouer tous les jours ; ils vinrent hier chez la reine comme elle entrait au cercle. Le roi leur fit diverses questions et ce propos les engagea à dire qu'il n'y avait jamais eu que Melle Marianne qui les eût vu jouer et que les demoiselles ses sœurs n'avaient jamais vu la comédie. »

Marie de Mancini avait dit elle-même que « ses sœurs et ses gens alloient tous les soirs à la comédie à La Rochelle. » De son côté, Madame de Venelle écrit de Paris au cardinal, le 10 mars 1660 : « Madame Colbert donna à Mesdemoiselles de Mancini, pour les divertir, la farce des *Précieuses Ridicules* par les marionnettes » (1).

---

salle du jeu de paume de Barbarra (Archives de Bordeaux, AA, 12)· J'ai dit que, dans leur *Journal d'un voyage à Paris* en 1657, MM. de Villiers racontent qu'ils virent représenter, à Bruges, *la Mort de Pompée*, par une troupe qui avait été à « feu M. le prince d'Orange ».

(1) Savait-on que la farce des *Précieuses*, au lendemain de son apparition et au moment de sa plus grande vogue, avait eu l'honneur d'être jouée par des marionnettes ?

Les pièces de théâtre, qu'accueillait un grand succès à Paris, étaient parfois jouées en province au lendemain de leur apparition, par des troupes d'amateurs. La Société des Archives historiques de Saintonge et d'Aunis a publié récemment une curieuse lettre faisant connaître une représentation du *Cid* à Blaye, par les officiers de la garnison, trois mois après la première représentation à Paris.

C'est un Saintongeois, seigneur de Chamouillac, Philippe Fortin de la Hoguette, qui écrit à Dupuy cette lettre enthousiaste :

« Il nous est venu de Paris une comédie qui est le *Cid*, si belle selon » mon sens qu'elle surpasse de bien loin tout ce qui a jamais été » escript par les anciens et par les modernes en ce genre. Nous la » représentons icy, pour nous divertir, et je suis l'un des acteurs, » Don Diègue. Jugés si cela n'est pas rare de me voir à cinquante-deux » ans estudier pour estre bateleur ! Si l'Académie s'en offense, je luy » en demande pardon ; mais avant de me condamner, je la supplie de » lire la pièce, si elle ne l'a déjà faict ; mais pour la trouver belle, il la » faut lire tout le long, afin d'en voir, outre la diction, la tissure qui » en est miraculeuse. Je l'ai lue trente fois et j'en suis encore en » appétit... »

*
* *

On se rappellera que, le 16 mai 1660, la troupe de comédiens, dont faisaient partie Henri Pitel, sieur de Longchamp, et sa femme, Anne Legrand, ainsi que Mouchaingre, représentaient, à Saint-Jean-de-Luz, devant la Cour. Le jour de son mariage (juin 1660), le roi ne voulut ni bal ni comédie (1).

A tous ces documents, malgré leur intérêt, j'en eusse préféré qui eussent donné des indications sur le passage des Comédiens au Mans, du temps de Scarron.

Depuis la publication de la *Troupe du Roman Comique dévoilée*, j'ai fait paraître, il est vrai, de nouveaux documents sur le passage des Comédiens de campagne au Mans, pendant la période du séjour de Scarron dans cette ville. Je dois les mentionner ici, en les résumant, parce qu'ils peuvent apporter de nouvelles lumières sur la troupe comi-

(1) Cf. Lucien Perey, *Le Roman du grand Roi* (Calmann Lévy, in-8, 1896) pp. 301, 313, 327, 328, 462, 504. — Voir aussi E. Ducéré, *Histoire du théâtre de Bayonne*, 1re partie (1 vol. in-8, Bayonne, 1886) et la *Troupe du Roman comique dévoilée* (d'après Jal). Nous avons vu Henri Pitel, sieur de Longchamp, époux d'Anne Legrand, figurer, le 29 juillet 1652, à Poitiers, avec Charlotte Legrand, au mariage de Philibert Gassot (le comédien du Croisy) et de Marie Claveau. — Voir Bricauld, *Molière à Poitiers*. M. Bricauld mentionne aussi, le 7 juillet 1657, à Poitiers, le baptême de Marie, fille de Claude Jannequin et de Madeleine Desurlis. Il fait connaître aussi, à une date bien reculée, celle du 22 février 1610, à Charroux (Vienne), le baptême de François Bausse, « fils de Nicolas Bausse, natif de Paris, et de Françoise Petit, natifve de Chartres en Beausse, comédiens » (p. 60). — En mai 1664, à Pamiers, des bateleurs et opérateurs, sous prétexte de débiter des drogues, ayant quitté un théâtre où ils donnaient des représentations scandaleuses, l'évêque Étienne-François de Caulet, essayant d'empêcher ces représentations, le sieur *De Bellerose*, chef de la troupe, y répondit par des insolences, et l'évêque fit lire des ordonnances prohibant les représentations. (Communication de M. Doublet, au Congrès des Sociétés savantes d'avril 1895).

que qu'a vue de ses yeux le galant abbé et qu'il a immortalisée dans son œuvre.

Le 31 octobre 1633, nous trouvons au Mans *Nicolas Devis, sieur des Œillets*, logé au jeu de paume du *Porc-Espy*, qui donne main levée à l'hôtesse de la *Petite Etoile*, de la saisie de ses meubles, bahuts et équipages, que *Claude Nolleau, dict Belle Roche*, et consorts avaient pratiquée entre les mains de la dite hôtesse.

M⁰ Guillaume Bourricher, fermier de la terre de Belin, appartenant à François d'Averton, demeurant paroisse de la Couture, qu'on voit souvent en rapport avec les entours de Scarron et la tripotière de la Biche, cautionne le comédien des Œillets, lequel fait élection de domicile chez M⁰ Gilles Amiot, avocat, paroisse du Crucifix, et signe *Nicolas de Vis*. Malheureusement, on ne sait rien sur le comédien des Œillets, qui a été complètement absorbé par la célébrité de sa femme, Alice Faviot, fameuse comédienne de l'Hôtel de Bourgogne, que l'on tenait « sans pareille », comme disait Raymond Poisson, et dont a parlé Madame de Sévigné elle-même (1).

Cette troupe des Œillets et de Belle-Roche est-elle celle dont il est question dans le *Roman Comique* et dans laquelle se seraient trouvés Filandre et Angélique ? Je ne dis pas cela ; j'affirme seulement qu'elle passa au Mans pendant le séjour de Scarron, qui la vit de ses yeux et à qui elle dut laisser plus d'un souvenir. L'auteur du *Virgile travesti* lui-même nous laisse entendre qu'il a rencontré au Mans plus d'une troupe de comédiens.

Il écrit en effet à propos du marquis d'Orsé, dont j'ai déjà dit à plusieurs reprises qu'il n'était autre que le comte

---

(1) Voir sur des Œillets mes *Nouveaux Documents sur les comédiens de campagne et la vie de Molière*, 1886, in-8, p. 22 et suivantes. Quant à Claude Nolleau, sieur de Belle-Roche, il faut se garder de le confondre avec des comédiens postérieurs portant le même surnom (*ut supra*, p. 24).

4

de Belin (1) : « Il aimoit passionnément la comédie et tous ceux qui s'en mêlaient, et *c'est ce qui attiroit tous les ans dans la capitale du Maine les meilleures troupes de comédiens du royaume* » (2). On voit dès lors que plus d'une troupe comique a dû venir au Mans, attirée par ce « Mécénas moderne » (3) et que, de 1633 à 1638, année qui suivit la mort du comte de Belin et où commence sa terrible maladie, le futur auteur du *Roman Comique* a pu voir défiler devant lui d'autres acteurs que le sieur des Œillets et le sieur de Belle-Roche. Ceux-ci ont pu retourner au Mans, il est vrai, pendant les années qui vinrent après 1633 ; mais tant qu'on n'en saura pas plus long sur la troupe à laquelle appartenaient ces deux comédiens, il sera bon de rester, à son égard, dans une sage réserve.

Malheureusement, on ne trouve pas d'autres traces du passage de comédiens au Mans du temps de Scarron, et l'on ne rencontre que les mentions du séjour de troupes comiques à Rennes, à Angers, à Nantes (4), et dans les autres villes des bords de la Loire, qui pourraient servir à tirer des inductions sur leur présence, dans le voisinage, dans la capitale du Maine.

(1) Voir *Troupe du Roman comique dévoilée* p. 37. — *La Vie de Rotrou mieux connue*, p. 90 et suivantes.

(2) Voir *Roman comique*, 2e partie, ch. XVII.

(3) *Nouveaux Documents sur les comédiens de campagne et la vie de Molière*, I, p. 27. Remarquons toutefois que la troupe des Œillets est pauvre comme la troupe du *Roman comique* (V. 2e partie, ch. XVII) « La *pauvre* troupe n'avoit pas encore bien fait ses affaires dans la ville du Mans, mais un homme de condition, qui aimoit fort la comédie, suppléa à l'humeur chiche des Manceaux.... Ce seigneur, que je vous dis, arriva au Mans dans le temps que nos *pauvres* comédiens en vouloient sortir, mal satisfaits de l'auditoire manceau.... »

(4) Le 5 mai 1639, des comédiens qui étaient à Angers, ne peuvent obtenir l'autorisation de jouer à Nantes. V. Destranges, *Le théâtre à Nantes*, p. 9.

*
* *

Il n'en est pas de même à l'égard du fameux opérateur dont parle Scarron dans son Roman, « le seigneur Ferdinando Ferdinandi, gentilhomme vénitien, natif dè Caen en Normandie » et de sa femme Inézilla.

L'histoire des opérateurs, sauf à Dijon, a été à peine ébauchée jusqu'à ce jour. Les plus célèbres opérateurs du commencement du XVIIᵉ siècle étaient originaires d'Italie, ou s'étaient parés de noms italiens. Aussi leurs successeurs étaient-ils restés fidèles à ces dénominations d'outre-monts, qui augmentaient leur prestige. Au reste un certain nombre allaient en Italie pendant le Carême afin de faire la remonte de leurs antidotes, de leurs mithridates, de leurs orviétans de toutes sortes. Hieronymo Ferranti, qui servit de tête de Turc à Sonnet de Courval, était sans doute Italien, de même que Cristophe Contugi, le fameux opérateur du milieu du XVIIᵉ siècle, Cristofe Poloni, etc. Mais combien de leurs pareils étaient de purs Français sous le déguisement de leurs noms italiens : Jean Verrier, dit Vetrario Tramontan, était né à Dompjulien en Lorraine ; Desiderio Descombes, natif de l'Angoumois, se disait distillateur italien et faisait le bonheur des badauds du Pont-Neuf : il parcourut les villes d'Angers, de Tours, Blois, Orléans, etc., pendant le premier tiers du XVIIᵉ siècle.

Quelques-uns, par contre, avaient francisé leur nom en entrant en France. Antoine Carméline, par exemple, était né à Villafranca, dans le royaume de Naples. En revanche son neveu resta fidèle à son nom italien de Quarante.

Il reste encore beaucoup à apprendre sur les opérateurs au temps de Scarron. Que sait-on de François Foissa, de Mondor lui-même, des Ovyn, de Gilles Barry ? J'ai un peu fait connaître ce dernier, il y a plus de vingt-cinq ans (1).

(1) *La troupe du Roman Comique dévoilée*, p. 134.

M. le docteur Le Paulmier a ajouté à sa biographie jusqu'à
1669 quelques dates précises (1). Ce n'est guère que sur les
Contugi, c'est-à-dire sur les vrais propriétaires de l'*Orviétan*,
que le·docteur Le Paulmier a fourni des documents. Mais
que de choses encore inconnues sur les opérateurs qui
couraient les provinces, sur les farceurs qui leur servaient
d'acolytes sur le Pont-Neuf, Galinette la Galine, le baron
Grattelard, Gilles le Niais, sieur du Tourniquet, Harlequin,
Padet, etc. On n'a parlé avec détails que de Tabarin, le plus
célèbre d'entre eux.

M. Eugène Fyot (2) a fait connaître le passage à Dijon le
5 juillet 1639 de Jean-Paul Abside dit *Braguette*, opérateur
et distillateur de Sa Majesté, de Jean Bertrand dit l'*Espérance*, d'un Gilles Barry en 1642, de Belletour dit *Dupile*,
opérateur et médecin chimérique du Roi. Il signale en 1678
Louis Larminier de Plaisance, opérateur ordinaire du roi
et orviétan de Paris ; en 1685 le sieur Boulmayer, opérateur
et chimique, César Deschamps et Joseph Toscan, se disant
orviétan de Rome ; en 1693, le sieur Marc-Antoine de Polory,
opérateur, oculiste et lithotomiste des États du Languedoc,
etc., etc.

Dans mes *Nouveaux Documents sur les comédiens de
campagne et la vie de Molière*, j'ai cité, comme ayant passé
en Anjou au temps de Scarron et du *Roman Comique*,
différents opérateurs, dont un surtout peut, je devrais même
dire doit, être identifié avec celui du *Roman Comique*.

Le 13 décembre 1650, on voit à Angers Jacques Caval (3),
opérateur, et Louise d'Etriché, sa femme, avoir à cette date
un fils, Jean, qui a pour parrain *Jean Roquelin*, comédien
du roi, et pour marraine Renée de Montjoyeux, femme de

<hr/>

(1) *L'Orviétan*, p. 40 et suivantes.
(2) *Les Charlatans à Dijon*, in-4°, 1903.
(3) Jacques Caval s'appelait aussi sieur du Fresne. On voit à Dijon,
en 1649, l'établissement du théâtre de Jacques Caval, sieur du Fresne,
oculiste de la maison du roi (*Nouveaux Documents sur les comédiens
de campagne*, p. 10).

René Melet, comédienne du roi ; ce qui indique, comme dans le Roman, une rencontre de comédiens et d'opérateurs.

Mais, le 25 juin 1638, c'est-à-dire au temps *même* du séjour de Scarron au Mans, on trouve encore en Anjou une mention beaucoup plus curieuse. Noble homme opérateur *Pierre Metro* et damoiselle Jehanne Jehan, font baptiser à cette date leur fille, Marie, dont est parrain noble homme Jehan Joly, *médecin spagirique, soi-disant natif de Romorantin*, et dont la marraine fut damoiselle Marie Salary, *soi-disant « d'Alanson »*. La cérémonie se passait à Baugé. Signèrent : Pierre *Methereau*, Joly (avec un grand paraphe), Audet Marbeuf, Madelin de Samon, Jacques Camal (ou Camol) (1), Marie Sallary et C. Véliard. La comédienne Marie Salary devint femme de Nicolas Ozou, dit la Plesse, directeur d'une troupe de comédiens de campagne qu'on voit à Arras et à Abbeville en 1664 (2).

Le 12 décembre 1642, on trouve au Mans : Michel Jean, sieur de Saint-Michel, médecin spagirique à Rennes, de présent au Mans ; Suzanne Drouet, sa femme ; Jean Lambert, sieur de Beausoleil, son beau-frère, de la ville de Bar-le-Duc. Une saisie-arrêt de leurs meubles, chevaux, etc., est pratiquée entre les mains de l'hôte du *Dauphin*, Regnault, par Guillaume Aubot, sieur de la Fleur, joueur d'instruments de la ville de Brioude, demeurant domestiquement avec le sieur de Beausoleil (3).

J'ai relevé dans les registres de l'état civil du Mans la mention, sans plus de précision, de la mort, à la date du . . . . . 1650, du fils d'un opérateur.

Je rappellerai aussi en passant la citation que j'ai faite

(1) La lecture du nom de Camal a été faite par Célestin Port, qui m'en a donné communication.

(2) Voir mes *Nouveaux Documents sur les comédiens de campagne et la vie de Molière*, pp. 10, 53, 570-571.

(3) *Dictionnaire des artistes manceaux*, 1899, in-8°, I, p. 14.

d'un extrait de la vie de M. Ragot, curé du Crucifix, relatif à un théâtre de bateleurs au Mans (1653-1683) et d'un autre extrait relatif à un théâtre d'opérateurs à Sées en 1662, tiré d'une requête d'un chanoine de Sées à l'archevêque de Rouen (1).

Le 28 décembre 1671, Jean de Flelle, écuyer, sieur de Guerres, opérateur ambulant par les lieux et provinces du royaume, fait signer un contrat d'apprentissage au jeune Marin Dijon, à Assé-le-Riboul (près Beaumont-sur-Sarthe et non loin du Mans).

Le 9 mars 1691, on trouve un contrat entre noble Jacques de Lescot, opérateur, oculiste *lithotomiste* et seigneur de Procheville en Bourgogne et damoiselle Marie de Lescot, veuve de maître Pierre Aubélin de Quersétan, vivant, opérateur privilégié du roi, sa sœur. Il lui donne et vend pleins pouvoirs de débiter antimoine et antidote en tous lieux de France, à la place de son mari. Ce contrat fut fait à l'hôtellerie du Croissant, au Mans (2).

De tous ces opérateurs, celui qui se rapproche le plus de Ferdinando Ferdinandi, « gentilhomme vénitien né à Caen et médecin spagirique », est sans contredit l'opérateur de Baugé, Pierre Métro ou Méthereau. La rédaction de l'acte de naissance de son fils rappelle tellement les dires de Scarron, que ceux-ci ne semblent être autre chose qu'un écho, pour ne pas dire la copie, de cet acte de naissance

(1) Voir *Nouveaux Documents sur les comédiens de campagne*, pp. 53, 54. Cf. aussi *Bulletin de la Société d'Agriculture, Sciences et Arts de la Sarthe*, 1876, p. 90, et M. de la Sicotière, *Gaultier Garguille*, 1890, in-8, p. 12. — Je rappelle aussi que j'ai mentionné, d'après le *Bulletin du Comité des travaux historiques* de 1885 (no 2, pp. 142-146), la présence à Saumur et à Orléans, en 1647, de la troupe du sieur de la Gillaye, opérateur du roi (Voir *Nouveaux Documents sur les comédiens de campagne*, p. 570).

(2) *Dictionnaire des Artistes manceaux*, I, p. 253 et 266 ; II, p. 121. — En 1679, la comédienne Marie Frement, la *Dervieux*, de son nom de théâtre, perd au Mans sa fille Anne, morte le 29 avril paroisse Saint-Jean-de-la-Cheverie.

lui-même. J'ajoute que la date de 1638 se rapporte précisément à l'année même où les troupes de Floridor et de Filandre se rencontraient à Saumur.

Ce n'est donc pas trop s'avancer que d'identifier l'opérateur du *Roman Comique* et sa femme Inézilla, avec Pierre Métro et Jehanne Jehan, de passage à Baugé le 25 juin 1638.

* *
*

Au printemps de 1651, le 24 avril, une troupe de comédiens était installée à Poitiers, au jeu de Paume des Flageolles. Nicolas Le Roy, sieur de la Marre, et Simone de la Chappe, sa femme, fille du comédien Michel de la Chappe, faisaient baptiser leur fils François. Il fut tenu sur les fonts de l'église Saint-Cybard, le 27, par Mᵉ François de la Motte et damoiselle *Françoise Mesnier*. Quelle est cette damoiselle et quelle est cette troupe ?

Nous avons même bien peu de renseignements sur Simone de la Chappe : nous savons seulement qu'elle devait mourir subitement à Fontenay-le-Comte le 4 octobre 1666 (1). Quant au chef de la troupe dans laquelle elle se trouve, ne serait-ce pas ce François de la Motte qui tient l'enfant sur les fonts ? N'est-ce pas lui qui, deux ans plus tard, le 22 juin 1653, obtient du corps de ville de Nantes, l'autorisation d'ouvrir son théâtre en cette ville, et à qui on impose l'obligation de représenter « la comédye de *Judicque* » ?

Françoise Mesnier; dont le nom figure en tête des signatures doit être elle-même une des principales actrices de la compagnie. Qu'est-elle, selon toute vraisemblance ?

On pourrait croire qu'il n'est pas téméraire de voir en

(1) V. Bricauld de Verneuil. *Molière à Poitiers*, Paris, Lecène et Oudin, in-8, 1887, pp. 34 et 58, et M. H. Clouzot. *L'ancien théâtre en Poitou*, in-8, Niort, 1901, p. 106.

elle Melle de La Caverne, la comédienne du *Roman Comique*, la mère d'Angélique, l'amie, bientôt la femme de Léandre, c'est-à-dire de Filandre Mouchaingre, la mère de l'actrice qui signe *Meunier* et qu'on trouve appelée tantôt Meusnier, Moulnier, Moinier, Le Mousnier. On sait comment ces noms de comédiens sont souvent défigurés et différemment orthographiés à cause de la prononciation sourde de la région de l'ouest. Il paraîtrait donc plausible, à cause de l'identité des noms, de voir en cette Françoise Mesnier, la mère d'Angélique qui ne mourut qu'à Brissac, en 1695, à soixante-dix-huit ans, et dont la mère pouvait encore être comédienne environ un demi-siècle plus tôt (1).

Eh bien, cela n'est pas possible, malgré la vraisemblance. *Françoise* Mesnier, dont il est ici question, ne peut être la mère d'Angélique Meunier, parce que la mère d'Angélique était veuve vers 1638, et que la Françoise Mesnier, qu'on voit à Poitiers, au milieu du XVII° siècle, ne l'était pas. Elle ne s'appelait pas Mesnier, de son nom de fille ; c'était celui de son mari. Elle se nommait *Françoise* Segui, et son mari, Estienne Munier. On voit en effet, le 21 décembre 1649, à Carcassonne, le comédien *Estienne Munier* et sa femme *Françoise Segui*, avoir une fille dont est parrain Nicolas-Marie Desfontaines, qui a pour commère Victoire de la Chappe, la belle-sœur de Montfleury (2).

La Françoise Segui de 1649 est la même sans doute que la Françoise Mesnier de 1661 ; mais elle ne peut être la même que la mère d'*Angélique*, qui était veuve lors du passage des comédiens que Scarron a vus au Mans. Je ne suis pas assez naïf pour croire que le récit que La Caverne fait de l'histoire de sa vie, dans le *Roman Comique*, vaut parole d'Evangile ; mais tout le Roman nous la montre veuve, sans

---

(1) Voir Destranges, *Le théâtre à Nantes*, in-8, 2° édition, Paris, 1873. (Fischbacher), et Clouzot, *ut supra*, p. 107, qui reproduit la signature de Françoise Mesnier.

(2) V. *La Troupe du Roman comique dévoilée*, p. 117.

parler du récit qu'elle fait elle-même de la mort du comédien son mari, des visées sur son compte du baron de
Sigognac qui veut l'épouser, et du plaisir qu'Angélique
dit qu'elle aurait eu à entendre appeler sa mère Madame la
baronne.

Il faut donc, bon gré mal gré, renoncer à l'idée assez
séduisante d'identifier La Caverne avec Françoise Mesnier,
née Segui, et remettre à plus tard la découverte de la vérité
sur son compte.

*
* *

C'est encore la mention du passage d'une troupe de
comédiens dans la région de l'ouest, à Nantes, qui permet
de percer le pseudonyme d'un des principaux personnages
de la troupe de Scarron, le fameux poète Roquebrune, « le
vrai Roquebrune, le divin Roquebrune, le poète gascon, le
nourrisson des Muses, aussi célèbre par ses hâbleries que
par le grand nombre de ses œuvres » et dont j'ai longuement rassemblé les traits du portrait dans la *Troupe du
Roman comique dévoilée* (1).

Je disais alors en terminant :

« Quel était ce poète attaché à une troupe d'acteurs, ainsi
que le furent Hardy, Beys, Rotrou, Tristan, sieur de Vau-
zelle, l'auteur du *Phaéton*, Ragueneau, le Pâtissier-Poète
(que M. Rostand a mis en scène dans *Cyrano de Bergerac*),
etc., qui eux aussi suivirent les comédiens dans leurs
courses errantes, battirent l'estrade avec eux et à leurs
gages ?

» Est-ce Nicolas-Marie Desfontaines, tour à tour attaché à
la troupe de Charles Dufresne, à Lyon en 1643, à celle de
l'*Illustre théâtre* en 1644, qui connut certes Beys, mais dont

_____

(1) V. aussi le *Moliériste*, II, 266, et Monval, *Documents inédits sur
les Champmeslé*, Paris, 1892, in-8º, p. 8.

le nom ne fait pas pressentir une origine méridionale, bien qu'il ait une vanité toute gasconne?

» Le grand nombre et les titres ambitieux de ses pièces de théâtre (treize dont la plupart sont des tragi-comédies), la date de ses vers, qu'on rencontre dès 1632 en tête des *Passions égarées* du poète saumurois Richemont-Banchereau, à côté des vers de Racan, de Mairet et de Gombauld, le nombre aussi et la bizarrerie de ses romans parus à partir de 1637, les *Illustres infortunes de Cléante et de Mavilinde, veuves pucelles*, l'*Inceste innocent*, l'*Illustre Amalazonthe*, tout, quant à l'apparence littéraire, semble bien en lui se rapporter à Roquebrune. On pourra serrer de plus près sa ressemblance avec le poète de la *Troupe du Roman Comique* qui me paraît assez probable (1). »

Eh bien, aujourd'hui, l'identification me paraît presque certaine. On le trouve en effet chef de troupe à Nantes, le 25 avril 1651. On voit ce jour-là *le sieur Baupré* (2) « comédien de la troupe Desfontaines » venir au bureau de ville et solliciter l'autorisation de représenter.

Dès le 16 août 1650, c'est-à-dire moins d'un an auparavant, il avait obtenu la permission de jouer dans cette ville (3). Nicolas Desfontaines avait été auparavant fournisseur de l'Illustre théâtre, poète et acteur de cette troupe. J'ai indiqué (4) que, dans l'avis au lecteur placé en tête de sa tragédie de l'*Illustre comédien ou le Martyre de Saint-Genest*, dont l'achevé d'imprimer est du 8 mai 1645, il disait

(1) *Ut supra*, p. 111.

(2) Baupré s'appelait Nicolas Loir, sieur de Baupré et était mari de Madeleine Lemoine. Celle-ci n'a pas appartenu, quoi qu'en ait dit Bricauld de Verneuil et d'après lui H. Clouzot, à la troupe de Molière.

(3) Voir M. Destranges. *Le Théâtre à Nantes*, 2ᵉ édition, p. 13; H. Clouzot, p. 112. Dès décembre 1650, on trouve à Lyon un autre comédien du nom de Louis Desfontaines faisant partie de la troupe des Comédiens de son Altesse Royale et, le 8 février 1643, *Nicolas* Desfontaines avec Charles Dufresne, et Pierre Réveillon, servir de témoins au mariage de François de la Cour et de Madeleine Dufresne.

(4) *Roman comique*, 2ᵉ partie, ch. III, p. 277-281.

qu'ayant été commandé par S. A. R. de le suivre en son
voyage de Bourbon, il n'avait pu surveiller l'impression ni
même faire son épître *liminaire* et que c'était *un seigneur
de condition* (1) qui avait bien voulu se, charger de ce soin.

Le 21 décembre 1649, il faisait partie d'une autre compagnie, et tenait, on l'a vu, sur les fonts à Carcassonne, la
fille du comédien Estienne Meunier (2). C'est lui qui se
retrouvait à Nantes en 1650, déjà probablement à la tête
d'une troupe, comme il le fut l'année suivante en 1651.

On suit dès lors tous ses avatars presque pas à pas, jusqu'au moment où le poète gascon est enfin devenu chef de
troupe. Il ne faut pas s'étonner de le voir sans cesse passer
d'une troupe à une autre. On sait que les associations des comédiens de campagne étaient sans consistance ; à peine l'une
d'elles était formée, qu'elle ne tardait pas à se dissoudre.

Tout cela achève de rendre plus que probable ce fait que
Nicolas Desfontaines était bien le comédien poète que Scarron vit au Mans dans la troupe des comédiens qui jouèrent
devant lui vers 1638 et qu'il a peint en traits inoubliables
sous le nom du « divin Roquebrune ».

C'est donc encore, si je ne me trompe, un nouveau
comédien de la *Troupe du Roman Comique* qui passe du
Roman dans la réalité.

Léandre, Angélique, Roquebrune, l'opérateur Ferdinando
Ferdinandi et sa femme, voilà donc presqu'une demi-dou-
zaine des personnages comiques mis en scène par Scarron
dont les vrais noms sont enfin découverts. Il ne reste plus à
faire sortir du monde de l'abstraction, avec la Caverne, que la
Rancune et les touchantes figures de Destin et de Melle de
l'Etoile. On eût pu croire qu'étant les plus en vue ces deux
charmantes personnalités auraient dû être les premières dé-

(1) V. *La Troupe du Roman comique dévoilée*, p. 123 et suivantes.
(2) Voir H. Chardon. *Nouveaux documents sur la troupe de Molière*,
p. 218-220, et le *Moliériste*, t. II, 266.

couvertes. Il n'en a rien été ; mais il ne faut pas se décourager (1) : un heureux hasard peut me mettre (ou un autre chercheur), sur leur piste (2). Le jour où leur anonymat cessera, toute la troupe du *Roman Comique*, qui pendant deux siècles et demi est restée innommée, sera aussi connue que celle de Floridor, de Belle-Rose ou des Raisin.

Je laisse donc à d'autres le soin de rechercher s'il y a une part de vérité dans l'histoire de Destin, de mademoiselle de l'Etoile et de mademoiselle de la Boissière, sa mère. Les noms que Scarron a mis en scène sont des noms de personnages qu'on retrouve ailleurs : c'est ainsi que le nom de La Boissière est celui d'un cousin de Scarron dont il a été question, surtout d'après Benjamin Fillon, dans le premier volume de *Scarron inconnu*. — Le nom de M. de Saldagne se rencontre également à cette époque dans le Maine et ailleurs. Il est cité par Tallemant. Le château où Destin rencontre Verville se trouvait-il réellement dans le Maine ?

On pourrait croire que les terribles discordes qui vinrent diviser les héritiers du comte de Belin, et notamment le triste rôle qu'y joua le marquis de Bonnivet, ont leur écho dans les aventures de Saldagne et de Verville. Ces derniers événements de 1642 ont pu encore trouver place, en effet, dans l'œuvre de Scarron (3).

(1) Les chercheurs devraient étudier parallèlement à la troupe de M. le Prince celle de « son Altesse Royale », autour de laquelle ils n'ont encore groupé aucune recherche d'ensemble, bien qu'on ait souvent l'occasion de rencontrer sa trace. Les comédiens de cette troupe sont autorisés, en 1636, en 1647, à représenter à Troyes, au jeu de paume de Bracque. Voir M. Monin, *Le Théâtre à Troyes, Bulletin historique du Comité des travaux historiques*, année 1901, p. 223.

(2) Le nom de l'Étoile est celui d'un jeu de paume bien connu.

(3) Voir H. Chardon. *La vie de Rotrou mieux connue*, p. 139. Je rappelle en passant que les Manceaux du XVIIIe siècle identifiaient sans critique la comédienne l'Étoile avec Mlle Chouet de Villaines, Roquebrune avec M. de Moutières, bailli de Touvoye, et La Rancune avec l'avocat Bondonnet de Parence.

On pourra aussi se demander ce qu'il peut y avoir de vrai dans les aventures de Destin et de Melle de l'Etoile, à Rome, dans celles de La Rancune, dans celles de la mère de la jeune Angélique avant les amours de cette jeune beauté avec Léandre. Jusqu'à plus amples informations, on en est réduit sur ce point à des suppositions (1), qui pourront disparaître un jour. A chacun d'apporter sa pierre à l'œuvre, et l'édifice se trouvera complètement achevé.

* *
*

Au milieu du XVIIe siècle, ainsi que je l'ai auparavant fait connaître, on constate la présence, à Lyon et à Dijon, de la troupe de Filandre ; il est alors devenu comédien de M. de Villeroy, puis de M. le Prince dont il avait fait la connaissance à Bruxelles, si même il n'avait pas appartenu antérieurement à la troupe de ses comédiens (2).

En 1663 (le 3 juillet) nous retrouvons dans l'ouest de la France, cette fois à Rennes (3) en la paroisse Saint-Aubin, la présence, jusqu'ici inconnue, d'Henri Pitel et de Filandre (4). Les registres de cette paroisse font connaître que

(1) Voir H. Chardon. *La Troupe du Roman comique dévoilée*, p. 122 et suivantes.

(2) Filandre ne paraît toutefois, d'une façon précise, avec le titre de comédien de M. le Prince, qu'à partir de 1662, moment où, après avoir figuré à Lyon, comme comédien de M. de Villeroy, il alla séjourner à Dijon. Mais depuis longtemps existaient les comédiens de M. le Prince. Il y en avait de longue date d'attachés à sa personne. J'ai montré qu'à Bourges le père du grand Condé entretenait une troupe dès avant 1630, et qu'on trouvait même antérieurement, à Paris, les comédiens de M. le Prince. — Voir *La Troupe du Roman comique dévoilée*, les *Nouveaux Documents sur Molière*, et M. Rigal : *Le théâtre français avant la période classique*, Paris, Hachette 1901, in-12, p. 63, 64, 67, 76.

(3) On se rappellera que Le Mans était sur l'itinéraire des Comédiens de campagne se rendant en Bretagne.

(4) Je dois la connaissance de cet acte, ainsi que celle des deux qui suivent, à la parfaite obligeance de M. Saulnier, conseiller honoraire à la cour de Rennes, ancien président de la Société archéologique d'Ille-et-Vilaine.

« Charlotte-Margueritte, fille Henry Pitel, sieur de Longchamps et de Charlotte le Grand, ses père et mère, a esté
ce jour troisième juillet mil seix cent soixante et trois, baptisée par moy Jullien Marye, prebtre soudiacre de céans, et
tenue sur les saincts fons de baptême par Jean Pitel, sieur
de Beauval et damoiselle Anne Pitel, parrain et maraine.

Hanry Pitel Longchampt.

Jean Pitel de Beauval.

Anne Pitel.   *Françoise Gastel.*

Gastel.

A. Lefebvre.   *Philandre.*

Jeanneton Filandre.

J. Doucet ».

L'année suivante, la troupe de Filandre revient dans la
région de l'ouest. Nous la trouvons le 25 avril 1664 à
Nantes : ce jour-là l'autorisation de représenter lui est
donnée par le Bureau de ville, deux ans après le contrat de
société du 31 octobre 1665 (1).

Trois ans plus tard, en 1667, nous trouvons encore mentionnée à Rennes, dans la même paroisse de Saint-Aubin,
la même troupe de comédiens.

« François, fils de noble homme Jean Pitel, sieur de
Beauval, et damoiselle Jeanne Ollivier, a esté ce jour baptisé. Parain noble et discret messire François Bonnemez,
prieur de Loiat, et maraine damoiselle *Angélique Menier*,
ce troisième jour de juillet 1667, et baptisé par moy soussigné, prêtre habitué dans la dite paroisse.

Angélique Meunier.   *Bonnemez.*

Guy Gardin (2).   *J.-B. Mouchaingre.*

Jean Pistel.   *Jean Nicolas.* »

(1) Voir Destranges, *Le théâtre à Nantes,* p. 14, et Clouzot, *Le
théâtre en Poitou,* p. 118.
(2) Guy Gardin sieur de la Vestière, fils d'un riche banquier de
Rennes, n'avait alors que 22 ans.

La troupe comique était encore à Rennes deux mois plus tard. Le 22 septembre on trouve, toujours dans la même paroisse, cet acte de baptême :

« Michel-Henry, fils Henry Pitel, sieur de Longchamps, et de damoiselle Charlotte Le Grand, ses père et mère, a esté baptisé par moy Julien Marye, prebtre officier de céans et tenu sur les saincts fonts de baptême, par Michel du Rieux, comédien de Monseigneur le prince et honorable femme Gillette le Marié, ce vingt et deuxiesme septembre mil seix cent soixante et sept.

Signé : *Henry Pistel lonchampt.*　　　　*du Rieu.*
　　　　　Anne Pitel.
　　　　　　　A. le Febvre.　　　　*dehouy.*
N. de Boutincourt (1).　　　　*de Rozanges.*
　　Bernarde Bois vert.　　　　　　　　*Duriau.*
　　　　　　　Ju : Marye. »

Voilà de bien curieux documents pour servir à l'histoire de Filandre et de sa femme, et qui viennent enrichir l'histoire de leurs pérégrinations. L'absence du nom de Filandre et d'Angélique Meunier dans le dernier de ces actes prouve, ainsi que le font connaître les deux documents que j'ai cités ailleurs (2), que Filandre et sa femme, s'étaient bien retirés de la troupe dès le mois de février 1667. Ces pièces font voir clairement, comme je l'ai déjà dit, que les comédiens avaient un itinéraire fixe et revenaient probablement chaque année s'installer dans les villes qui se trouvaient sur leur parcours.

Filandre se retirait définitivement du théâtre en 1670, après plus de trente ans d'exercice de sa profession. Il

(1) Nicolas de Boutincourt est le maître du jeu de paume de la rue de la Poulaillerie sur la paroisse Saint-Aubin, dans lequel les comédiens de campagne donnaient leurs représentations : il mourut cinq ans après et fut inhumé en Saint-Aubin le 2 mai 1672 (communication de M. Saulnier).

(2) *La Troupe du Roman Comique dévoilée*, pp. 87-90.

prenait ses *Invalides* en Anjou, où le prince de Condé, son ancien protecteur, l'avait nommé concierge de son château de Brissac. De comédien, Mouchaingre devenait officier de Monsieur le Prince.

Quant au grand Condé, pendant ses années de retraite à Chantilly, il continua de se donner le plaisir de la comédie. Il installa près de lui, chaque année, la troupe de comédiens, dont Filandre avait été naguère le directeur et dont la direction était passée, après sa retraite, à Henri Pitel de Longchamp et à Michel du Rieu qui s'associèrent plus tard avec les Raisin. Le savant bibliothécaire de Chantilly, M. Gustave Macon, a fait connaître récemment une bonne part de l'histoire des comédiens du prince de Condé depuis 1671 jusqu'en 1686 (1). Toutefois M. Macon n'a pas cité un contrat d'association de cette troupe du 10 octobre 1680, que je suis heureux de pouvoir citer d'après une note de M. Germain Bapst (2), ainsi qu'un autre acte d'association antérieur, du 11 août 1672, passé entre eux à Rennes. Voici d'abord ce dernier acte, extrait des minutes de M. Chassé, notaire à Rennes, déposé aux Archives d'Ille-et-Vilaine (3).

(1) V. *Bulletin du Bibliophile*, 15 déc. 1898, 15 janv. et 15 févr. 1899. M. Macon, indépendamment des documents qu'il y a publiés sur le théâtre de Chantilly, nous fait connaître que la troupe de Pitel et de Durieu représenta en Allemagne, à Marseille, en Angleterre, à la cour de Charles II, d'où elle était de retour en France en 1677, qu'elle fusionna en cette année avec la troupe de Raisin, qu'ils jouèrent ensuite en Bourgogne (1678), puis à Rouen (1680-1685). Ce sont alors des comédiens d'une autre génération. Ils continuaient à faire force pérégrinations hors de France. Un d'eux, Chateauvert, qui avait d'abord fait partie de la troupe du duc de Savoie, dirigée par Jean Deschamps et qui entrait alors dans celle de M. le Prince, écrivait en 1683 : « Depuis que je suis à la Comédie, tous les camarades avec qui j'ai été, m'ont commis le soin des affaires tant du royaume qu'étrangers. J'ai été en Espagne, en Angleterre, en Hollande, en Italie, en Allemagne et presque jusqu'en Suède ».

(2) Voir M. Germain Bapst, *Essai sur l'histoire du Théâtre* (in-4, 1893), note de la page 347.

(3) Communication de M. Saulnier.

« L'an mil six cent soixante douze, l'onziesme jour d'aoust après midy, par devant les notaires du Roy à Rennes soubsignés, furent présants en leurs personnes le sieur Henry Pitel, sieur de Longchamps, dam^{elle} Charlotte Le Grand, sa compagne, le sieur Michel du Rieux, sieur dudit lieu et damoiselle Anne Pitel, sa femme, le sieur Jean Mignoc, sieur de Mondorge, et damoiselle Angélique Maissac, sa compagne, lesd. femmes de leurs maris bien et deubment authorisées au contenu des présentes, elles les requérantes, damoiselle Elisabeth de Bussy, femme et compagne du sieur Resmond Coiffier, officier du Roy et de luy séparée de biens, authorisée de justice à la suite de ses droits, le sieur Vincent du Bourg, sieur de Jolimont, Ange-François Coirat, sieur de Belle Roche, le sieur Nicolas Desmarre, sieur de Champmeslé, et tous commédiens de son Altesse sérénissime Monseigneur le Prince de Condé, estant à présent en ceste ville d'une et autre part, lesquels d'un commun accord ont déclaré s'associer par les présentes pour un an commençant du mois de mars prochain et qui finira à pareil jour, pour, pendant led. temps, exercer leur profession hors le royaume de France, partout où ils trouveront à propos d'aller, à la pluralité des voix, sans pouvoir se séparer les uns des autres pour quelque raison que ce soit, à moins d'estre de retour aud. royaume de France, où estant, ils ne pourront encore se séparer qu'au jour du mercredy des Cendres ensuivant de leur arrivée, le tout à peine de tous dommages et intérêts, et de mil livres de pure perte à chacun des contrevenants, laquelle peine demeure dès à présent comme dès lors acquise au profit de ceux qui n'auront contrevenu, sans qu'il soit besoin d'autre forme ny ministère de justice ; partageront lesd. parties, hommes et femmes, les proffits qu'ils pourront faire tant et si longtemps qu'ils seront en société parce qu'ils en fourniront respectivement aux frais et despances qu'il leur conviendra faire pour l'utilité du général, conditionné que lesd. damoiselles de Bussy et du Rieux partageront les rolles des premières pièces nouvelles qui leur viendront de Paris, et en considération de ce que damoiselle Charlotte Deflais, compagne dud. sieur de Belleroche, joindra lad. troupe et

5

y rendra les services à son pouvoir qui lui sera prescript, ils promettent et s'obligent de payer et délivrer à lad. damoiselle de Belleroche la somme de deux cents livres avant l'expirement de lad. société; ont toutes lesd. parties susnommées, promis d'associer, s'ils voient l'avoir affaire, avec eux le sieur des Grands Champs ou telle autre personne qu'ils verront bon aux mêmes conditions que celles ci-dessus exprimées, sans toutefois qu'ils ne jouent incessamment la Commédye, tout ainsi que si led. sieur de Grands Champs serait présent ou autre personne en sa place, et à tout ce que dessus exécuter et accomplir obligation respectifve sollidaire desd. parties chacun en ce que le fait les touche, sans division l'un pour l'autre et chacun d'eux pour le tout, y renonçant et à tout ordre de discussion et en tout donne hypothèque de tous et chacun leurs biens réels et mobiliers, présants et futurs, quelsconques, pour en cas deffance estre exécutés, saisis et vendus, suivant la coutume et ordonnance royale et par toutes autres contraintes permises par les nouvelles ordonnances de Sa Majesté, renonçant lesd. femmes aux droits du Velléien en l'Authentique *si qua Mulier* leur donnés à entendre que les femmes ne se peuvent obliger pour autruy ni mesme pour leurs maris, sans avoir renoncé auxd. droits; ce qu'elles ont dit bien savoir et y renoncer, partant à ce que dessus les avons condamnés... Fait et passé au Jeu de paume de la Poulaillerie avec les signes desd. parties et les nôtres (1).

Signé : *Mondorge. Longchampt. De Jolimont. Durieu. Belle-Roche. Elissabet de Bussie. Desmare. Charlotte le Grand. Delignac. Anne Pitel. Angélique Messa. Gohier.*   *Chassé.*
P. r.   *P. r.* »

C'était à peu près l'époque à laquelle Madame de Sévigné parle des comédiens qu'elle vit au mois d'août 1671, à Vitré, pendant la tenue des États, où l'on jouait des comédies

(1) On ne trouve, en 1672, en la paroisse Saint-Aubin, qui était celle du jeu de paume de la Poulaillerie, aucun acte concernant les comédiens mentionnés dans ce contrat d'association.

trois fois la semaine. « Madame de Chaulne me donna à souper lundi, avec la comédie du *Tartuffe* point trop mal jouée ». — « Hier je fus encore à la comédie : c'était *Andromaque, qui me fit pleurer plus de six larmes, c'est assez pour une troupe de campagne.* » En septembre 1671, elle écrit encore : « Des comédiens de campagne ont joué parfaitement bien le *Médecin malgré lui* à Vitré : on en pensa pâmer de rire. »

Voici maintenant le contrat d'association de 1681 à 1688 qu'a le premier fait connaître M. Germain Bapst :

« Association entre Marguerite Siret, veuve de Edme Raisin, vivant organiste du roy, sieur Michel Raisin, comédien de S. A. S. Mgr le prince, sire Michel du Rieu, huissier du cabinet de S. A. S., demoiselle Anne Pitel, sa femme qu'il autorise, d'une part ;

« Sieur Bernard Vaulhier, sieur Deschamps, Pierre Besnard, sieur de Bonneuil, Daniel Racot, demoiselle Marguerite Poirier, sa femme qu'il autorise, Jacques Crosnier, comédiens de Mgr le Dauphin, establis et demeurant en la ville de Rouen de présent en ceste ville de Paris, à l'hôtel de Condé, lesquels s'associent ensemble pendant le temps de sept années, à commencer du 1er mars 1681, jusqu'au 1er mars 1688, pour représenter la comédie devant L. A. S. mesdits Sgrs et ducs et S. A. S. Mme la duchesse, lorsqu'il plaira appeler lesdits associés et en la ville de Rouen où ils sont connus et établis, etc. »

Nous retrouvons la troupe de Dominique Pitel à Rennes le 5 décembre 1685. Cette fois il n'est plus question de Filandre, retiré depuis longtemps du théâtre, et qui était à la veille de mourir, ni même de ses anciens associés, Henri Pitel et Durieu. Ce sont de nouveaux comédiens qu'on voit dans la capitale de la Bretagne à la fin de l'année 1685 ; ils avaient dû passer au Mans avant d'entrer en Bretagne.

« Marie-Charlotte Gillet, fille du sieur Pierre Gillet, *recepveur des comédiens de la troupe royalle*, et damoiselle

Gillette Balisson, ses père et mère, née du jour d'hier, a
esté ce jour baptizée par moy, curé de céans, et tenue sur
les fonts de baptesme par Dominique Pistel, sieur de Longchamps, *comédien de ladite troupe royale*, et damoiselle
Marie Troche, aussi commédienne, et ont signé ce jour
cinquiesme décembre 1685.

Signé :   *Dominique pitelle.*

Gillet.   *Marie troche.*

Marie-Anne briteau.

J. Troche.   *Françoise Mousson.*

Madeleine Biet.   *Philippe Chaumont.*

L. Jumel,   *Benaud* » (1).

pbre.

La troupe de du Rieu avait eu une histoire mouvementée.
Le 10 juin 1671, on la voit à Dijon. Deux ans plus tard, en
1673, elle est en Allemagne après être allée à Marseille. En
1674, elle est revenue à Dijon, où les comédiens de M. de
Longueville la remplacent en 1675. Elle va alors en Angleterre jouer à la cour de Charles II et elle était de retour en
France en 1677.

Une autre troupe, dite du *Dauphin*, que dirigeaient les

(1) Communication de M. Saulnier. — Ceux qui désirent connaître
encore plus en détail l'histoire des Pitel, de Durieu, des Raisin et de
ceux qui s'associent avec eux, venant d'autres compagnies de comédiens, pourront consulter, sans parler de la notice de M. Macon,
M. Georges Monval, *Documents inédits sur les Champmeslé*, 1892,
broch. in-8 ; M. Noury, le *Théâtre à Rouen au XVIIe siècle*, broch.
in-8, 1893. D'après M. Noury, on y voit, le 15 mars 1685, les comédiens
restés à Rouen, faire un nouveau contrat d'association (p. 6 et 10),
et un autre encore à Paris le 8 mars 1687 (p. 11). Voir aussi
l'*Histoire des Théâtres à Rouen depuis leur origine*, 4 vol. in-8, par
M. Bouteiller (1860-1880) ; le *Théâtre en Savoie*, par M. Mugnier,
Chambéry, 1887, in-8 ; le *Théâtre à Dijon*, par M. de Gouvenain, in-4°,
1888, où il parle longuement des Raisin et des comédiens du duc
d'Enghien, p. 64 et suivantes. Mais nous sommes trop loin du temps
de Filandre, pour qu'il y ait ici quelque chose à glaner pour l'histoire
de la Troupe du *Roman comique*. Il faut lire enfin les études de
MM. Herluison et Leroy sur les acteurs ayant vécu dans l'Orléanais.

frères Raisin et leur beau-frère Villiers, après avoir joué souvent à Dijon devant le grand Condé depuis 1664, était arrivée à Lyon en 1674. A Dijon, M. le Prince avait aussi vu le comédien du Perche, qu'on retrouve à Orléans en 1674.

Lorsqu'il voulut reconstituer sa troupe de comédiens, il fusionna tous ces éléments en 1677 et en confia la direction à Jacques, l'aîné des Raisin, le fils du célèbre organiste, à Pitel de Longchamp et à Michel du Rieu (1). On les voit jouer à Chantilly en septembre 1677. — La troupe des comédiens de M. le Prince alla ensuite à Paris, où elle demeura pendant six semaines ou deux mois. En 1678 on la voit jouer dans les différentes villes de la Bourgogne. En septembre elle était à Chantilly ; en octobre et en novembre, elle se trouve à Paris, à l'hôtel de Condé. Parmi les femmes, on admirait le jeu de la Verneuil (Marie Vallée), celui de la du Rieu, de la Desbrosses et de la Dancourt, qui, toutes les trois, devaient entrer dans la troupe du roi.

La troupe alla ensuite se fixer définitivement à Rouen. On la disait la meilleure qui fût en France, après les deux qui jouaient à Paris. Trois de ses membres, en 1679, — dont Jean-Baptiste Raisin (le petit Molière) — entrèrent dans la troupe du roi.

Le 27 novembre 1679, Jean-Baptiste Raisin épousait à Rouen Françoise Pitel, fille de Dominique Longchamp et sœur de la du Rieu (2). Condé tint sur les fonts leur premier enfant le 2 novembre 1680, avec la duchesse d'Enghien (3).

On revoit les membres de cette troupe à Chantilly en

---

(1) Le grand Condé pendant sa retraite à Chantilly « installe près de lui chaque année pendant trois mois une troupe de comédiens, dont la direction appartient à Raisin, dit le Petit Molière, mais auxquels il distribue lui-même les rôles, dont il choisit le répertoire, guide les répétitions et règle les différends. » Cf. duc d'Aumale, Histoire des princes de Condé.

(2) Cf. Mériel, Madame Raisin. Falaise, 1886, in-16.

(3) Cf. le Moliériste, 1880, p. 177.

1680, 1681 et 1682 En février et mars 1682, de nombreux différends s'élèvent entre Deschamps, Raisin et Nanteuil. Condé a grand peine à les apaiser : il se déclare bien aise, le 16 mars 1682, qu'ils se soient enfin accordés pour prendre *Lisette*.

Cependant une scission se produisit dans la société. Nanteuil se sépara de ses camarades, entraînant avec lui quelques comédiens. Le duc d'Enghien, qui avait succédé à son père dans le gouvernement de la Bourgogne, le protégeait et voulut lui accorder le droit de jouer dans son gouvernement. La troupe de M. le Prince dut se reconstituer. On y voit entrer François de la Traverse, dit Sévigny. La paix se fit enfin entre les deux troupes, à la grande satisfaction du prince de Condé, content de voir finir ce qu'il appelait « la grande affaire des comédiens ».

Parfois aussi, d'autres troupes de comédiens venaient jouer en Bourgogne. Le 2 avril 1680, le duc d'Enghien avait permis au sieur Desmares et à ses camarades de jouer la comédie à Dijon pour cette année. Il renouvela la permission le 31 mars 1681 ; mais elle fut aussitôt retirée, et d'Enghien en donna une autre, le 7 août, aux nommés du Fresne, Scipion et leurs camarades, comédiens de Madame la Dauphine (1). Le 25 mars 1682, permission est donnée à Nanteuil et à Valois ; le 21 février 1684, à du Fresne et à Valois, à la prière du sieur Poisson ; le 22 décembre 1684, à Valois et à ses camarades, pour la saison de 1685 (2).

A Rouen, en 1682, du Rieu faisait ses efforts pour attirer dans sa troupe le comédien Châteauvert, qui avait fait partie de la troupe du duc de Savoie, dirigée par Jean Deschamps,

---

(1) M. Macon pense que Desmares est sans doute celui qui entra dans la troupe royale en 1685, à la mort de Brécourt.

(2) Voir les nombreux renseignements que j'ai donnés sur le théâtre de Dijon dans *la Troupe du Roman Comique dévoilée*, pages 102 et suivantes. Cf. aussi *le Théâtre à Dijon*, par M. de Gouvenain.

qui passait les Alpes chaque année (1). L'année suivante,
il disait : « J'ai été en Espagne, en Angleterre, en Hollande,
en Italie, en Allemagne et presque en Suède. »

Tous ceux de la compagnie n'étaient pas dans les mêmes
sentiments. Sévigny se plaignait (2 mai 1683) des persécu-
tions du sieur du Rieu et de sa femme. Ceux-ci, par jalousie,
voulaient, paraît-il, lui faire quitter la troupe afin d'en être
les maîtres absolus ; ils menaçaient sa femme « de lui faire
couper le nez si elle jouait et de lui donner force coups. »
Malgré l'intervention de M. le Prince, le bon accord ne put
se rétablir, et Sévigny finit par demander son congé le
14 octobre 1684 (2). Mademoiselle Verneuil, se disant malade, avait fait de même le 18 janvier précédent (3).

Dans l'intervalle, Jacques Raisin entrait dans la troupe
du roi, le 24 mai 1684. Condé, malade et plein d'idées
de conversion, cessait d'entretenir sa troupe de comédiens.
Il lui témoigna toutefois sa protection jusqu'au dernier jour,
cherchant à caser le mieux possible les acteurs et actrices
qui en avaient fait partie. Du Rieu ne put entrer que plus tard
à la Comédie française, où il ne fit du reste que passer, et
il mourut huissier du cabinet du prince de Condé. Longchamp devint receveur des billets du parterre à la Comédie
française et sa femme souffleuse. Mesdemoiselles du Rieu,
Dancourt, des Brosses entrèrent aussi à la Comédie : ces
deux dernières le devaient moins à leur talent — qui était

(1) Voir sur Jean Deschamps et sur cette troupe le *Théâtre en Savoie*,
par M. Mugnier.

(2) Il avait publié à Rouen *Philippin sentinelle*, comédie en vers, en
un acte.

(3) Ces renseignements sont tirés d'une lettre signée de Raisin,
Chateauvert, du Perche, du Rieu, de Bonneuil, de Sévigny, Grandval
et Villiers. Ce Villiers, d'après M. Macon, est certainement le même
que Deschamps. Il ne faut pas le confondre avec le Villiers (Jean
Deschamps) de la troupe royale, fils de Claude, auteur et comédien,
mort le 23 mai 1681. Le Deschamps de Rouen était probablement frère
de Jean. L'un des deux doit être identifié avec le comédien de la
troupe du duc de Savoie.

maigre — qu'à l'influence de leurs protecteurs, M. le duc de Créqui et Madame de Rocheforest. Sévigny y rejoignit plus tard ses camarades, tandis que Lisette Benoît y fut toujours refusée.

Du Perche forma à Rouen, après le départ de ses camarades, une autre association, qui reprit le nom de *troupe de M. le Dauphin*. Elle était composée des anciens comédiens du prince de Condé restés dans cette ville : Bonneuil (Pierre Bénard) et son fils Nicolas ; Grandval (Daniel Racot) et sa femme Marguerite Poirier ; Catherine Raisin, femme de Villiers. Parmi ses *nouveaux membres*, elle comptait du Raincy (Louis de Chalus) et sa femme (Jeanne de Beauvais), Scipion Clavel et Judith Chevalier, sa femme. En 1686, Nanteuil faisait partie de cette troupe. Catherine Raisin s'en sépara bientôt pour former la *troupe des Comédiens du duc de Bourgogne*, avant de rejoindre les siens à la Comédie française (1).

Ainsi que l'a dit M. Macon, Condé ne paraissait plus au théâtre. A cette époque (1686), quelques mois le séparaient de la mort ; il se préparait à paraître devant Dieu. Pendant près d'un siècle, les comédiens de M. le Prince avaient tenu une grande place dans l'histoire du théâtre. Mouchaingre et Raisin, ce *petit Molière*, avaient été les rivaux de Floridor et de plus d'un acteur de la troupe du *grand Molière*.

*

Il y a encore un curieux chapitre à écrire sur l'histoire des comédiens français à l'étranger, chapitre dont les feuillets sont presque restés blancs jusqu'à ce jour et qui offre cependant un certain intérêt, à l'exemple de celui que M. Dussieux a consacré à nos artistes. Si l'on a recueilli

(1) Cf. Monval, *Le Théâtre à Rouen* (1893).

quelques miettes sur les acteurs français en Hollande et dans les Pays-Bas, sur la troupe des princes d'Orange, sur les comédiens acteurs qui faisaient imprimer leurs œuvres de l'autre côté du Rhin, tels que Rozidor, Nanteuil, Châteauneuf, Brécourt, etc., que sait-on des troupes françaises qui parcouraient les petites principautés d'Allemagne ou les royaumes du nord de l'Europe, et propageaient l'esprit français dans ces cours, dont les souverains voulaient copier tous les beaux usages de France ? Que sait-on de la vie théâtrale à l'étranger de Nicolas Desmares, de Jean de Nevers, de du Landas, de Nanteuil, etc. ? Leurs aventures n'ont-elles pas donné lieu à un pastiche quelconque du *Roman Comique* ?

Chappuzeau qui, dans ses courses errantes en Europe, avait dû rencontrer tant de troupes de comédiens, n'a pas certes révélé tout ce qu'il devait savoir à leur égard :

« Dans tout l'Empire, dit-il, il ne se trouve que deux ou trois troupes de comédiens du Pays qui sont fort peu occupées. Les seuls ducs de Brunsvic, qui sont splendides en toutes choses, qui ont de l'esprit infiniment et qui sçavent gouster tous les honnestes plaisirs, entretiennent, *depuis plusieurs années*, une bonne troupe de comédiens françois, comme fait *depuis peu* l'électeur de Bavière, dont la cour est magnifique. Mais, en divers voyages que j'ay faits dans toutes les cours de l'Empire, je n'ay veu de comédiens nulle part qu'à Vienne, à Prague, à Munich et à Lunebourg. » C'est sans doute à la troupe des ducs de Brunswick et de Lunebourg, qui jouait surtout à Lunebourg et à Zell, que Chappuzeau fait allusion en finissant (1).

Les acteurs qui, d'après lui, la composaient en 1673, étaient les sieurs Benard, de Boncourt, de Bruneval, le Coq,

---

(1) Le duc de Brunswick-Lunebourg Georges-Guillaume, auprès duquel Chappuzeau devait trouver un asile hospitalier dans sa vieillesse a été célébré par plus d'un poète français. Montfleury lui a dédié le *Gentilhomme de Beauce* et Nanteuil, en 1673, l'*Amante invisible*.

de Lavoys, de Nanteuil et les demoiselles Benard, de Boncourt, le Coq, de Lavoys et de la Meterie (1). Cette troupe et celle des comédiens de l'électeur de Bavière, dont il donne également les noms, n'étaient pas les seules qui parcourussent l'Allemagne, et surtout l'Allemagne du Nord. Il y en avait sans doute de nomades qui parcouraient le pays sans être attachées à demeure à aucune cour.

Tavernier, dans son *Voyage auprès de Son Altesse électorale de Brandebourg, à Berlin*, auquel collabora Samuel Chappuzeau, nous montre le duc de Zell, Georges-Guillaume, entouré de Français, à une table servie à la française, et le duc de Hanovre, Ernest-Auguste, entretenant une troupe de comédiens et comédiennes, tous Français et Françaises (2). Le duc de Saxe-Meiningen avait aussi son théâtre, dont la troupe était célèbre.

On voit les pièces de Chappuzeau lui-même représentées en d'autres lieux que ceux dont il a parlé. En juin 1669 sa

(1) Le plus célèbre de ces comédiens est l'acteur poëte Nanteuil, P. C. de Nanteuil, qui après s'être dit *comédien de la Reyne* (c'est le titre qu'il prend dans l'*Amour sentinelle*, la première pièce qu'il ait, dit-il, mise au jour, pièce dédiée au prince d'Orange, et imprimée à La Haye, en 1672), s'intitule dans l'*Amante invisible*, imprimée à Hanovre, en 1673, et dans bien d'autres pièces, comédien de son Altesse sérénissime de Brunswick et de Lunebourg. — Boncourt, Jean Hilleret, de son vrai nom, mari de Marie Biès, s'associait en 1664, avec Nicolas Leroy, pour former une troupe de campagne. (Voir le traité publié par M. Eud. Soulié, *Recherches sur Molière*, p. 210.) De 1666 à 1667, il figure comme chef à Dijon, d'une troupe qui prenait le titre de Comédiens du roi. En 1673, il est attaché ainsi que sa femme, à la troupe de Brunswick. Après 1693, on trouve Mlle Boncourt, mariée au sieur de Châteauneuf, et faisant partie ainsi que son mari de la troupe de la cour de Hanovre. (Les frères Parfait, *Histoire du théâtre français*, t. XIII, p. 43). Mlle Boncourt, en 1693, n'avait pas été reçue à la Comédie française.

Lecoq, c'est-à-dire Charles Mangot, dit Lecoq, figurait aussi dans le contrat de société de 1664.

Plus tard, Mlle Poisson nous dit que la Beauchamp, de Paris, dite la Bellebrune, mourut dans la troupe de Brunswick.

(2) Charles Joret, *J.-B. Tavernier, d'après des documents inédits* (Plon, in-8, 1886).

Comédie des Eaux de Pyrmont était jouée dans cette ville, résidence du prince de Waldeck, auquel Châteauneuf avait déjà dédié, en 1663, *La Feinte Mort de Pancrace* (1).

L'auteur, du *Théâtre français* n'a pas dit un mot de la troupe de la reine de Suède, ni de celle du roi de Danemark, ni de celle de Hanovre, etc. Sans s'arrêter aux comédiens de la reine de Suède, qui ne portaient plus ce titre depuis près de vingt ans, quand Chappuzeau écrivit son recueil si intéressant, vrai livre d'or du théâtre français au XVIIe siècle, comme le *Registre de La Grange* l'est pour la troupe de Molière, on peut s'étonner qu'il n'ait rien dit des autres compagnies de dates plus récentes et dont on voit l'existence se révéler au grand jour par intermittences. C'est ainsi qu'on trouve quelque temps plus tard, Nicolas Desmares (frère de la Champmeslé) et sa femme, appartenant à la troupe du roi de Danemark, dont fit aussi partie Jean de Nevers. Quant à la troupe de Hanovre, Chappuzeau nous dit lui-même que sa pièce des *Eaux de Pyrmont* a été jouée à Pyrmont en 1668, sur le théâtre de Hanovre. Joseph du Landas, sieur du Pin et sa femme étaient des comédiens de cette troupe, à laquelle, vingt ans après, étaient attachés Châteauneuf et Mlle Boncourt (2).

C'est dans ces parages du Hanovre, sur le chemin du Danemark en Hollande, que se déroule, deux ans seulement après l'impression du recueil de Chappuzeau, le lambeau du *Roman Comique*, dont je veux dire un mot en passant, et qui nous fait connaître une troupe oubliée par l'auteur du *Théâtre françois*. Je l'emprunte à la *Relation d'un Voyage de Copenhague à Brême, en vers burlesques* (par Clément) *dédiée à M. Besson, chef de la troupe de musiciens et de*

(1) En 1657 et 1658 Chappuzeau avait fait imprimer deux de ses pièces à Amsterdam et à Leyde, ce qui fait aussi présumer leur représentation en Hollande.

(2) A la fin du siècle, on trouve aussi des comédiens français du roi de Pologne, entre autres Sallé.

violons de Sa Majesté le roi de Danemark et de Norwège, à
Leyde, chez la veuve de Daniel Bosce, 68 p. in-12, 1676.

L'auteur dont le nom est révélé dans un sonnet et dans
un sixain, qui lui sont adressés au commencement et à la
fin du livre par Pierre Corneille Blessebois, donne dans le
récit de son voyage de curieux détails sur les mœurs et le
rôle des comédiens et des musiciens français qui, trouvant
la France trop petite pour leur gloire ou trop peu riche pour
leur bourse, s'étaient mis à parcourir gaiement l'Europe (1).

Clément part de Copenhague avec sa bande, sa troupe
passagère, pour entreprendre son voyage à Brême, qui dura
six semaines. On les voit s'installer au départ sur le singulier chariot de Thespis du temps et rappeler la Caverne
huchée à son arrivée au Mans sur le bagage comique :

> « Nous montâmes donc sur le char,
> Assis chacun sur une har
> De fagot, de foin ou de paille (2). »

Je passe le récit de l'embarquement à Casseure, les aventures sur mer en traversant le Belt, etc., et m'en tiens à
celles de terre ferme. Dans le Schleswig, près de Flentz-
bourg, ils font à l'improviste une singulière rencontre,
celles de camarades gîtés dans une grange, où ils étaient
eux-mêmes allés frapper. C'était une bande d'acteurs ou de
musiciens, qui se trouvait marcher de compagnie avec le
comte Oxenstiern, revenant de l'ambassade de Vienne. On
se reconnaît, on s'embrasse ; Clément donne l'accolade au

---

(1) C'est en cette même année 1676, que le trop célèbre Blessebois
dédiait son *Eugénie* au prince d'Orange. On a même attribué à cet
ordurier Alençonnais la *Relation du Voyage à Copenhague*, réimpri-
mée dans ces derniers temps à Bruxelles à 261 exemplaires à la suite
d'une œuvre de Blessebois. Voir le nᵒ 2514 du catalogue de la bibliothèque La Sicotière (2 vol. in-8ᵒ, Alençon, 1902).

(2) *Voyage*, p. 9.

sieur des Pons, dont il prend les démonstrations pour beau jeu, bel argent, et non pour des gasconnades. « J'ai pour belles gens trop d'appas, dit Clément, pour ne pas les croire sincères. »

> « ... Scaramouche et La Feuillade
> D'une fine pantalonnade
> Me régalèrent à l'instant...
> J'embrassai la belle Barbeau
> Et les deux autres belles dames
> Qui me parurent bonne lame (1). »

Les premiers occupants invitent les nouveaux venus à dîner. On mange, on boit, on rit ; le récit de ces dîners, de ces rasades et celui de ces rires (mais accessoirement, car on est pour le solide) remplit toujours l'odyssée des Comédiens. Le sieur du Pont et Huguon appellent Clément « vieux capon » en un langage que de nos jours n'aurait pas désavoué Grassot.

Puis, lorsqu'on a bien bu et bien ri, on se couche sur la paille, et le lendemain on se sépare pour aller chacun de son côté. Clément et les siens se dirigent vers Hambourg. C'est dans cette ville que commence le deuxième chant du burlesque voyage et qu'a lieu la rencontre avec les comédiens de la troupe de Hanovre.

> « Je m'informai des vieux amis
> Qui *résident* en cette ville,
> Comme du sieur de Belleville,
> De la Barre et de Richemont
> Qui fait parfois le Rodomont,
> Principalement s'il est yvre,
> Comme s'il était las de vivre ;
> Il fait le grand coupe-jarret
> Lorsqu'il a bu de son clairet. »

(1) *Voyage*, p. 23.

Clément se trouve arrivé bien à point. Les acteurs de France, ses camarades, étaient à la veille de célébrer la fête d'une de leurs dames. C'était une bonne fortune pour les arrivants, et l'occasion d'être bien hébergés. L'héroïne de la fête, dame Louise, invita elle-même Clément à être de la partie.

> « Ah ! vraiment je me réjouis
> Que vous serés ici dimanche,
> Où nous mangeons une éclanche,
> Dit-elle, avec un bon pâté
> Et d'un vin qu'on n'a point tâté.
> Nous aurons bonne compagnie.
> Demeurez donc, je vous en prie,
> Ou si vous ne faites cela
> Vous n'êtes qu'un vrai quinola.
> Enfin, elle me pria tant
> Que j'y demeurai fort content. »

J'abrège le récit du festin comique :

> « Entamons notre bon pâté
> Et commençons une santé,
> C'est celle de dame Louise,
> Qui ne fait point la mine grise,
> Et celle de Monsieur Héron.
> Allons courage beau garçon,
> Me dit le sieur de Belleville,
> Chantons quelque beau vaudeville
> A la santé du sieur Le Roi.
> Fort bien dis-je, portés la moi.
> Puis m'adressant au sieur La Selle,
> Je lui portai justement celle
> D'un nommé Monsieur des Marest,
> Dont la femme beaucoup me plaît

Pour son humeur escarbellarde,
Bien qu'elle ait la mine paillarde ;
Je l'estime de tout mon cœur
Et suis, ma foi, son serviteur.
Raison des santés étant faicte,
Nous dégoisâmes chansonnette,
Les uns bien et les autres mal.
Mais Mademoiselle Le Roi
Assise tout proche de moi,
Voulut aussi nous faire entendre
Qu'elle avoit l'art de chanter tendre
Et poussant un fosset,
Qui sentoit un peu le gousset,
Elle entonna d'un beau génie :
Réveillez-vous belle endormie,
Réveillez-vous, car il est jour.
Enfin l'on chanta tour à tour,
L'un amoureux, l'autre bachique,
Personne ne fit le critique ;
Si bien qu'après avoir bien soupé,
Bien ri, bien chanté, bien trempé,
Il fallut se lever de table
Et rendre grâce à l'adorable.
Lors la table mise en un coin,
Chacun dit qu'il étoit besoin,
De danser deux ou trois courantes.
Les femmes en furent contentes,
Et La Selle, par cas fortuit,
Avoit sa poche en son étuit
Qu'il tira d'une autre pochette
Et nous joua landerirette,
Quant ce fut un branle à mener
Plus de vingt tours falut tourner,
Avant d'être à la révérence. »

Je supprime la querelle qui survient dans le bal, le musicien refusant de se rendre aux désirs des danseurs, précisément à propos de la révérence, le singulier soupir que laisse échapper un d'entre eux en se relevant et dont on ne chasse les vestiges qu'en faisant appel au tabac, de même que j'ai passé la chute que fait en arrière, dès le début du festin, un convive légèrement ému, ainsi que les invites adressées par le sieur de Belleville à ses camarades, sans en être écouté, pour jouer à cache-mitoulas.

« Lors deux masques bien travestis
Nous vinrent rendre divertis.
C'était du sieur Le Roi l'épouse,
Qui fit une mine jalouse
Voiant sa femme en caleçon.
L'autre était frère de la femme
Du sieur des Marets. La bonne âme
Se fait nommer Monsieur Ledoux,
Personne n'en étoit jaloux.
Sa figure de vrai Jocrisse
Rampoit sous l'habit de novice.
Étant donc ainsi déguisés
Et tous deux métamorphosés
Il fallut reprendre la dance....
Et l'on dansa le menuet
Et le passe-pié de Bretagne,
Comme on le danse en Allemagne,
C'est-à-dire toujours trottant.
Après cela minuit sonnant,
On prit la peine avec franchise
De remercier dame Louise.
« Ce n'est pas dit-elle, de quoi ;
Vous voulez vous moquer de moi. »
Ah ! point, cela vous plaît à dire,
Reprit un autre d'un sourire,
Nous faisons ce que nous devons.

Bien donc, dit son mari, buvons,
Souffrez ce trait, je vous en prie,
Et trève de cérémonie.
‚ Bref un chacun fit son devoir
Et puis se donna le bonsoir. »

La fête était finie et l'on se sépara le lendemain, après une visite au mathématicien La Coste.

La plupart des comédiens que Clément a mis en scène dans sa rencontre avec eux à Hambourg ne sont pas pour nous des inconnus ; j'ai eu occasion déjà de parler de Richemont, de La Barre et de Le Roy.

Le sieur de Richemont, Hugues de Poillebois, dirigeait, en 1663 et 1664, à Dijon, une troupe d'acteurs qui s'intitulaient comédiens du roi.

A la fin de 1670, il venait encore représenter, dans la même ville, avec Longueil et Duperche, qui se paraient aussi du même titre et qu'on retrouve sans lui à Lyon en 1689.

Nicolas Le Roy, le mari jaloux, dont la femme, comme Mᵉˡˡᵉ Déjazet, aimait les travestis en garçon, s'était associé avec divers camarades, en 1664, pour former une troupe de campagne, dont faisaient partie André Trochon et Claire Le Roy, femme de ce dernier, et sa fille Anne Le Roy.

Il contracta sans doute deux mariages, car M. Benjamin Fillon a relevé sur les registres de Fontenay-le-Comte, à la date du 4 octobre 1670, la mort de la femme de l'acteur Nicolas Le Roy, sieur de La Marre, de Paris. Cette première épouse, Simonne de La Chappe, appartenait à la même famille que la femme de Montfleury.

Quant à La Barre, nous avons trouvé son nom à Lyon. François Henriel, dit La Barre, figure dans cette ville dès 1649 dans la troupe de Monsieur ; mais ce n'est pas de lui dont il s'agit ici, puisqu'en 1661 on voit à Lyon *sa veuve*

6

Michelle du Trasay. L'acteur de la troupe de la cour de Hanovre est ou son fils ou son frère. On rencontre précisément deux acteurs de ce nom dans la distribution des rôles de l'*Agésilan de Colchos*, joué de 1650 à 1655, par la troupe de Filandre. A côté de La Barre, qui joue le rôle d'*Agésilan*, figure un autre acteur du même nom qui remplit celui d'*Arlandes*, confident de *Florisel*. Ce dernier, sans doute jeune alors et chargé d'un rôle peu important, doit être l'acteur qui se trouvait en 1676 à Hambourg avec Clément.

Reste à savoir ce qu'étaient dame Louise, le sieur de Belleville, qui s'était paré d'un nom emprunté à Turlupin, et dont s'était également affublé le père des Béjart, ce qu'étaient Mr Héron, le sieur des Marets, dont le nom avait aussi au théâtre été porté par la femme de Filandre, etc., etc. Tous ces joyeux convives de Hambourg appartenaient-ils eux-mêmes, sans exception au théâtre ? Quoi qu'il en soit, il est curieux de pouvoir étudier sur le vif cette scène de la vie des comédiens français à l'étranger. On voit qu'ils aiment le plaisir et qu'ils ne se laissent pas aller au spleen sur les bords de l'Elbe. Après tout, il n'y a pas lieu de s'en étonner ; Chappuzeau dit lui-même à propos des acteurs français à l'étranger (liv. III, chap. xvi) : « Ajoutons que naturellement les comédiens aiment le plaisir, estant juste qu'ils en prennent, puisqu'ils en donnent aux autres. » Toutefois, il y a déjà quelque chose de plus égrillard, de plus décolleté dans leurs plaisirs que dans ceux des comédiens mis en scène par Scarron. Les comédiens du *Roman Comique*, eux aussi, aiment bien les longs festins et les rasades, mais il y a chez eux relativement plus de retenue, plus de décence que chez le sieur de Richemond et l'épouse du sieur Le Roy. Chez les acteurs de Hambourg, venus environ trente-cinq ans plus tard, il y a un germe plus développé des habitudes modernes, des petits soupers, des travestis en hommes et des danses peut-être plus voisines des sauteries et du cake-walk d'aujourd'hui que de la gravité de l'antique menuet. Je ne veux pas forcer la note et dire qu'il y a entre ces deux couches de comédiens la distance qui sépare Scarron de Blessebois, mais je ne puis m'empêcher de reconnaître qu'il s'en faut de peu.

A côté de ces récits de ripaille du *Voyage de Copenhague à Brême*, que j'abandonne désormais, il y a aussi pour l'histoire de ces comédiens nomades des renseignements plus curieux à relever ; ce sont les vers que dans leurs courses errantes ils semaient à l'aventure, sans regarder derrière eux, et qui n'ont guère été recueillis par les historiens des lettres, restés ignorés qu'ils sont, pour la plupart, en tête des pièces qu'ils avaient pour but de célébrer.

Inspirés par la camaraderie qui régnait entre les acteurs et les poètes de théâtre, dont plusieurs, je l'ai dit, étaient attachés aux troupes comiques, ces vers donnent parfois sur ces relations des renseignements qui ne sont pas à dédaigner, et, en tout cas, nous permettent d'apprécier l'esprit des comédiens, et non plus seulement, comme tout à l'heure, leurs facultés digestives ou leurs talents chorégraphiques.

Je me borne à citer en passant, quelques vers d'un acteur, qui, lui aussi, a été comédien à l'étranger et sur lequel j'ai eu soin d'appeler l'attention. Ce sont des vers de Châteauneuf; on les trouve en tête de l'*Ambassadeur d'Affrique* (1666), comédie en petits vers de Duperche (1). Le sieur Duperche, qui fut avocat à Alençon, et qui, vingt-six ans plus tôt, faisait imprimer à Rouen sa tragédie de *Rosemonde ou le Parricide puni*, est un des poètes rivaux de Roquebrune ; car il est présumable qu'il a dû courir le monde à la suite de quelque troupe ambulante et monter

(1) Comédie imprimée à Moulins, chez la veuve Pierre Vernay, 1666, 49 p. in-12, et dédiée à Madame de Ris. Sur les comédiens de cette époque, voir aussi les trois volumes des *Continuateurs de Loret*, la curieuse publication de M. Émile Picot, de l'Institut.

par instant sur les planches, tout avocat qu'il était, ce qui montre que Ragotin a eu des imitateurs à la porte du Maine.

Voici les vers que lui adressait le sieur de Châteauneuf :

A L'AUTHEUR

« Illustre favory du sçavant Apollon,
Qui te portoit si tard à nous faire paroistre
Les ouvrages brillans que tu peux faire noistre,
Inspiré par les sœurs de son sacré vallon ?

A quoi s'est occupé ton esprit admirable ?
Depuis que ton mérite éclate en l'univers
N'as-tu pas deu produire un million de vers
Pour te rendre en tous lieux à jamais mémorable ?

Tu cherchois un appuy, dis-tu, pour tes escrits,
Ah ! s'ils ont besoin, j'ay tort, je le confesse,
De blâmer la raison, mais trève de paresse,
Car tu l'as rencontré dans madame de Ris.

Ne t'arrestes donc plus derrière,
Sans crainte achève ta carrière,
Les obstacles sont superflus
Nul secours ne te manque plus,
Puisque cette rare merveille,
De qui la beauté sans pareille
Est la moindre perfection,
T'accorde sa protection. »

*
* *

Après l'éclaircie que j'ai ouverte sur la vie des comédiens français au nord de l'Allemagne (1), je voudrais donner

(1) En août 1713, un Hollandais se rendant en France, et dont le voyage a été publié par M. de Godefroy-Ménilglaize, rencontra, à Raisme, l'électeur de Cologne « se divertissant avec une comédie ou

aussi quelques renseignements sur leur manière de vivre à Amsterdam.

J'espérais en trouver dans la *Description en vers burlesques d'Amsterdam*, par Pierre le Jolle, 1666, in-12 ; malheureusement l'auteur, cet élève de Scarron, qui appelle son maître l'Apollon du burlesque, dit à peine un mot du théâtre et de la comédie à la fin de son livre (1).

> « .... D'aller voir la comédie,
> Aujourd'hui il n'en est point temps ;
> Mais, ma foi, demain je prétends,
> Si vous ne voulés garder l'âtre
> De vous faire voir son théâtre,
> Son parterre, ses cabinets,
> Qui sont si jolis et si nets,
> Ses bancs et sa place commune,
> Là où une foule importune
> De gens, *en payant quatre sous*,
> Viennent plus alonger les cous
> Qu'on ne fait en crachant des coles,
> Afin d'entendre les paroles
> D'un badin nommé Jean Tambour,
> Qui ne manque jamais un jour
> A leur conter quelque sornette (2). »

Parlons de la troupe de comédiens du prince d'Orange. Les princes d'Orange avaient une troupe de comédiens fran-

opéra en pleine campagne, où il y avait des bancs construits au bord d'un canal avec un monde infini ». *Mémoires de la Société des sciences et arts de Lille*, 1872, 2ᵉ partie, p. 34.

(1) *Description d'Amsterdam*, p. 271.

(2) Le prix de quatre sols datait déjà de vieille date, ainsi qu'on le voit par la curieuse description de l'amphithéâtre d'Amsterdam, contenue dans le *Sorberiana*. On y voit que les comédiens ont un écu par tête, *et si les quatre sols qu'on donne à la porte vont plus loin que ces gages-là le reste est pour les pauvres.*

çais attachés à leur personne. Je les ai cités dès 1618 (1). En
1625, d'après M. Rigal, l'hôtel de Bourgogne louait la salle
aux comédiens du prince d'Orange, qu'on revoit à Paris,
en 1629. La fête du mariage de M. de Brederode, gouverneur de Bois-le-Duc, avec Louise-Christine de Solms, sœur
de la princesse d'Orange, fut marquée au commencement
de l'année 1638, à la Haye, par une succession de fêtes,
dans lesquelles figurèrent les comédiens du prince, venus
de France et qui représentèrent le *Cid* devant les gentilshommes et beaucoup de Français.

C'est ce que nous montre la relation de ces fêtes attri-
buée à Dubuisson d'Aubenay (2).

Dubuisson d'Aubenay était alors à la Haye et il écrivait
à d'Hozier le 21 mars (3) : « Les comédies ne nous manquent point d'un seul jour, si ce n'est le dimanche, par
la troupe de Guérin dit l'Espérance, les deux Barrés, La
Fontaine et son fils et Cossart dit le docteur Faviolo, qui
font du mieux qu'ils peuvent pour le théâtre qu'ils se sont
basti dans le manège du prince. »

Cette liste curieuse permettra de suivre ces acteurs à la
piste, et de reconnaître plus tard les comédiens attachés à
la cour des princes d'Orange. On est cependant quelque
temps sans la revoir.

Est-ce elle qui était « la troupe espagnole et hollan-
daise arrivée depuis peu à Paris pour le divertissement de

---

(1) Voir la *Troupe du Roman Comique dévoilée*, p. 32.

(2) Voir *Relation de ce qui s'est passé à La Haye au mois de février
1638, les festins, comédies, bals, courses de bagues et autres magnifi-
cences faites au mariage de M. de Brederode et de Mlle de Solms*, à La
Haye, de l'imprimerie de Théodore Main, 1638, in-4°. Il s'en trouve un
exemplaire à la Bibliothèque Mazarine, ms. n° 1761, corrigé par
Dubuisson-Aubenay, l'auteur présumé. Voir le *Journal des Guerres
civiles* de Dubuisson-Aubenay, publié par Gustave Saige, Paris, Champion, 2 vol. in-8, 1883-1885, t. I, CXXVIII.

(3) *Ibid.* II, 299. Ce fragment de lettre avait été déjà cité par Paulin
Paris. V. *Historiettes*, de Tallemant, in-8°, t. VII, p. 187.

la foire Saint-Germain », aussitôt après la mort du cardinal de Richelieu, ou bien de 1659 à 1660 et dont parle la
satire contre Boisrobert connue sous le nom de la *Bosco
Robertine* ?

Le 25 mars 1645, la troupe des comédiens français du
prince d'Orange est bien loin de la Hollande. On la trouve
en France, plus près d'Orange, c'est-à-dire de l'enclave que
les princes de la maison de Nassau possédèrent au milieu
du Comtat, que de La Haye et d'Amsterdam. Elle faisait
sans doute une longue pérégrination dans nos provinces.
Le 23 et 25 mars 1645 à Narbonne, où ils se trouvaient alors pendant la tenue des états de Languedoc, dont
l'ouverture avait eu lieu le 17 janvier, l'hôpital Saint-Paul
faisait recette de quatre-vingt-dix livres huit sols six deniers
« provenues les dites sommes de ce que nous avons pris et
amassé à la porte des Comédiens du prince d'Orange, ayant
donné une journée à l'hospital, sans à ce comprendre trois
livres six sols pour onze livres de chandelles qu'il a fallu
bailler aux dits comédiens (1). »

Le prince d'Orange était alors Frédéric-Henri, ce grand
capitaine qui ne mourut qu'en 1647 et qui fut remplacé par
son fils Guillaume II, enlevé à 24 ans dès le 6 novembre
1650 (2). Huit jours après sa mort, sa veuve, fille du roi
d'Angleterre Charles Ier et de Henriette de France, mettait
au monde un fils qui était le seul héritier du stathoudérat.
Cette fin prématurée de Guillaume II, qui paraît avoir aimé
le théâtre, porta un rude coup aux comédiens français.

Chappuzeau, qui fut précepteur de son fils, écrivait lui-
même en 1673 que « depuis la mort du dernier prince
d'Orange, qui entretenait une troupe de comédiens françois

---

(1) Voir *Le Moliériste*, VIII, p. 18-19.
(2) Voir sur Guillaume II, dans les *Poésies diverses de Scarron*, le
Remerciement à Son Altesse le Prince d'Orange, et Stances héroïques
sur la mort de Guillaume de Nassau, et aussi sa dédicace et d'autres
encore.

elle n'eut pas grande satisfaction en cette partie des Pays-Bas où il commandoit, et elle trouva mieux son conte à Bruxelles, auprès de la Cour. » Un enfant au berceau ne pouvait être un Mécène pour les comédiens venus de France ; la révolution qui se produisit d'ailleurs aux dépens de la maison d'Orange et au profit du grand pensionnaire de Hollande Jean de Witt ne pouvait du reste leur être favorable, et il leur fallut attendre des jours meilleurs, pendant vingt ans, jusqu'à ce que la maison d'Orange rentrât en possession du stathoudérat. Les négociants d'Amsterdam fréquentaient plus la bourse que le théâtre, et leur puritanisme ne leur faisait pas rechercher les comédiens.

Ceux-ci rétrogradèrent alors dans les Pays-Bas Espagnols, qui avaient fait la paix dès le commencement de 1648 avec les États-Généraux de Hollande à Munster.

Est-ce dans les Pays-Bas que fut jouée l'*Agésilan de Colchos* de Rotrou ? Un exemplaire de cette comédie, aujourd'hui à la Bibliothèque de l'Arsenal, nous donne une liste de noms de comédiens presqu'aussi curieuse que celle de l'exemplaire de l'*Andromède* du catalogue Soleinne, mais dont la date fait malheureusement aussi défaut. J'ai rapporté de 1650 à 1655 la représentation donnée par les acteurs mentionnés dans cette liste ; la première de ces deux dates me semble plus probable même que la seconde. Ce qui rend cette liste intéressante, c'est qu'on y rencontre le nom de Filandre et de sa femme à côté de ceux de plusieurs acteurs indiqués par Dubuisson-d'Aubenay comme faisant partie de la troupe du prince d'Orange en 1638.

D'après les renseignements donnés par M. Faber sur le théâtre dans les Pays-Bas, on voit que, le 5/14 avril 1662 Mrs Philippe de Melot et Abraham Mitella de la troupe de la duchesse d'Orléans font bâtir pour eux et leurs camarades un théâtre dans le Kaatsbaan (la place pour le jeu de paume), sur le Buitenhof, dans la même forme que faisait autrefois

M. Denis Laboy. Le théâtre contenait 108 bancs et devait servir six semaines.

1ᵉʳ mai. Mʳˢ de Pain Dorymont, la Source, Mellot, de Louy et Galemond, comédiens de Mademoiselle présents à la Haye, autorisent un médecin de Bruxelles pour faire un arrangement avec le maître brasseur, où ordinairement jouent les comédiens. Le 5 novembre 1663 un maître charpentier leur bâtit un théâtre avec ses dépendances sur la même place, etc.

Un autre contrat signé le 22 avril 1665 avec un charpentier porte les signatures de N. Jolimont, la Source et de Tonice ; ils jouent lors de la kermesse en mai. Le 12, Louis Audran, parisien, est redevable à Jean Polet dit Belle Fleur, comédien français, de cent écus et à Louis Drouin, dit de Louis, comédien de Mademoiselle de 70 passacons (une pièce de 2 florins, 40 à 50 sols la pièce).

En 1669, le 23 novembre, MMʳˢ la Source, de Rainay et de Jolimont pour eux et pour leurs associés, comédiens de la reine à La Haye, constituent un mandataire à Bruxelles pour se charger de leurs affaires.

M. Monval a proposé à l'auteur différentes identifications de noms. D'après lui, Melot, serait le même que Millot, de Pain répondrait à Drouin, Galemond et Jolimont qui ne sont probablement qu'un seul individu, devraient se confondre peut-être avec Dorimond ou avec Rosimond, Rainay est sans doute Raincy qu'on voit vingt ans plus tôt à Dijon.

De droite et de gauche, enfin, on trouve plus d'un renseignement sur les comédiens français en Hollande. J'ai déjà parlé du séjour de Filandre en ce pays et des représentations qu'il y donna devant Christine de Suède. C'est en Hollande, en décembre 1681, que Brécourt se réfugia ; il se retira à La Haye pour y jouer dans la troupe du prince d'Orange. J'ai communiqué à M. Monval, qui les a publiés dans le *Moliériste*, les renseignements contenus dans les *Mémoires du marquis de Sourches* sur cet acteur transfuge, qui devait renoncer à la comédie le 15 mars 1685.

⁎
⁎ ⁎

Je n'aime pas à rapporter des actes isolés concernant les comédiens. Ce qui me sourit, c'est de suivre leur trace dans les différentes villes qui furent les étapes de leurs itinéraires. Il faut cependant savoir se borner ; un chasseur ne peut rapporter que le gibier qu'il trouve. Force m'est donc de citer divers actes ayant trait à des comédiens du XVIIᵉ siècle. Si je ne puis les grouper, d'autres chercheurs le pourront peut-être ; ils rattacheront tel nom à telle troupe déterminée et, des pièces que je présente éparses, ils réussiront à composer un ensemble.

Dans le voisinage de Lyon, le carnet de police de Mâcon pour l'année 1658, mentionne que permission est accordée aux sieurs du Croisy (1), Hubert et autres *comédiens de Sa Majesté,* « de réciter leurs comédies en ceste ville de Mâcon pendant un mois et dans le lieu le plus commode qu'ils pourront trouver. »

Environ dix ans plus tard, les Archives du greffe de Mâcon (B. 1278/1), nous font connaître la pièce suivante :

Monsieur,
Monsieur le lieutenant criminel au bailliage et
siège présidial de Mascon.

« Supplie humblement Jean Bouillard, sʳ de la Garde, comédien du Roy, de présence en cette ville, disant qu'environ vers sept à huit heures du soir et ce jourd'huy, soupant avec le sieur Des Essard et sa femme (2) ez la maison de la

---

(1) Il s'était marié à Poitiers en 1652.

(2) Ces noms semblent se rapporter à des personnages de la même troupe : mais ce n'est qu'une simple présomption. Cependant on trouve dans le contrat de société formé entre les membres de la troupe de campagne de Nicolas Le Roy, sieur de la Marre, à Paris, le 5 avril 1664, Jacques de Saint-Bazille, dit des Essards. Soulié, *Recherches sur Molière,* p. 211.

damoiselle **Conna** où il réside, ayant ouï le son de la cloche au subjet du feu du ciel qui estoit tombé sur le clocher de St Pierre de cette ville, il serait sorti pour aller au secours du feu, ayant fait rencontre à la place de la porcherie de cette ville, proche du jeu de paume du s^r René Baudoin s^r Du Vergier, aussy comédien du Roy et de la même troupe (1), celui-ci aurait voulu faire battre le tambour, pour jouer leur comédie. Le suppliant s'y serait opposé en disant que dans ce désordre qu'il y avait du feu audit clocher de St Pierre où tous les habitants accouraient, qu'il n'y avait apparence de battre le tambour, ni jouer la comédie.

Lequel Du Vergier, au lieu de recevoir cette remontrance avait dit qu'il voulait faire battre le tambour, en même temps avait tiré son épée hors du fourreau, de laquelle il lui avait porté divers coups et n'aurait manqué de lui bailler au travers du corps, n'avait été plusieurs personnes qui l'ont empêché, ayant sacré et blasphémé le S^t nom de Dieu.

Ledit suppliant désirant avoir réparation de cette injure, et des mauvais traitements qu'il a reçus.

C'est, etc.

Signé : DE LA GARDE. »

14 juin 1667.

Plainte du Sr Yoland Baudoin, sieur du Vergier. (Il conteste les faits relatés dans la plainte du Sr de la Garde.)

Mercredi 15 juin 1667.

Information faite par Emilian Tuppinier, conseiller du Roy, lieutenant criminel au bailliage de Mâcon, au sujet des plaintes des s^{rs} De la Garde et Du Vergier.

Noms des témoins :

1° Jacques Caillat, de Cezenne èz Brie ?, 24 ans, comédien du Roy, dans la troupe de Hautefeuille.

---

(1) A Lyon, le 22 février 1669, on trouve d'après M. Brouchoud, le comédien *Balthazard du Verger*.

3° Germain Le Riche, fils de sieur Toussaint Le Riche, dit Hautefeuille, comédien du Roy, de présence en cette ville, 16 ans.

4° Pierre Lestrade, demeurant avec le Sieur de Hautefeuille, comédien du Roy, 26 ans (1).

6° Françoise, fille de Philippe Combes, natif du village de Mimes ?, proche de Chaumont ez Savoye, 25 ans.

Il semble ressortir des dépositions que la comédie se jouait dans le *tripot* (jeu de paume), situé près de la place de la Porcherie, dont il était séparé par une cour (2).

Dix ans plus tard, on trouve un document concernant le passage jusqu'à l'extrémité de la Bretagne, de comédiens dont on retrouve ailleurs souvent le nom. C'est un acte de mariage en l'église Sainte-Croix de Vannes, en mai 1677, pendant que le Parlement « était en pénitence en cette ville, non pour ses péchés mais pour ceux de la ville de Rennes ».

23 mai 1677. Mariage de David de Ardit, se disant de la paroisse St Félix de Beziers, en Languedoc, avec dlle Françoise de Brouthier, de la paroisse St Nicolas des Champs de Paris, assisté de Lemy de Brouthier, son père et garde naturel, commédiens de leur vocation, depuis longues années, n'ayant ni domicile, ni demeure fixe et arrêtée.

Signent les parties ci-dessus, et en outre :

LE RICHE DE HAUTEFEUILLE, GILLES PIGOUL, MICHELLE DE THOMASSIN, A. LE FEBVRE, etc. (3).

(1) Le nom de Le Riche, sieur de Hautefeuille, comédien, se rencontre souvent alors, à Lyon ; en 1644, parmi les acteurs de l'*Agésilan de Colchos*, vers 1650, à Vannes, le 23 mai 1677, mais se rapportant à deux comédiens différents suivant les temps.

(2) Communication de M. Gloria, juge au tribunal de Mâcon. Il ne paraît pas qu'il ait été donné suite à cette affaire. Voir aussi Lex, les *Premières années du théâtre de Mâcon, 1772-1792*. Paris, in-8°, 1901.

(3) Communication dûe à la parfaite obligeance de M. Saulnier, conseiller honoraire à la Cour d'appel de Rennes.

Le 5 février 1685, les minutes d'un notaire d'Angoulême nous font connaître le marché fait avec un charpentier pour l'appropriation d'une maison, afin d'y établir un théâtre, la dite maison étant celle du sieur de Puy-Renaud. Le comédien est une de nos connaissances, Denis de Nanteuil (1).

« Devant ledit sieur de Puy Renaud, furent présents Denis de Nanteuil, comédien du Roy, estant à présent en cette ville d'Angoulême, logé au Cerf, d'une part, et Jean et Guillaume Boisdon et Michel David, charpentiers, entre lesquels a été fait le marché qui s'en suit :

Lesdits Boisdon et David se sont obligés de faire un théâtre dans la partie de l'apartement de la maison louée, avec les ailles, pour les décorations et pour les esloinguements de la haulteur que le sr de Nanteuil, le jugera à propos. Feront aussi un petit théâtre en haut, fourniront de bonnes traverses, et planches pour travailler aux machines et échafauder, afin que les ouvriers machinistes puissent travailler en toute sûreté, pour les tours, pour les machines et pour y attacher les câbles, faire audit théâtre une trape pour le *Festin de Pierre*, bien ferrer, clouer et conditionner le dit théâtre, et feront les plat-fonds de la hauteur nécessaire..... Seront les dits Boisdon et David obligés de fournir les châssis des portes, la barrière du portier, comme elle sera marquée, la loge pour les violons, les planches nécessaires pour les machines, un petit degré pour monter sur le théâtre et faire les places pour habiller les comédiens.....

Le tout sera parfait dans vendredy prochain, sous peine de tous despens, dommages et intérêts — pour 44 livres — dont 9 livres payées comptant, le reste sera payé dans les jours de carnaval. Fait le cinquiesme jour de febvrier 1685. »

(1) Voir minutes de Guillaume Jehan, notaire à Angoulême. — Communication de M. Fleury, faite en 1882 et insérée dans le *Bulletin du Comité des travaux historiques*, section historique, 1884, n° 2, p. 157.

Un autre document date de la même époque : c'est un contrat d'association entre les divers acteurs de la troupe des comédiens du roi établie à Angoulême, au sujet de l'exploitation du théâtre construit dans la dite ville.

« Le 13 février 1685, furent présents Denis Clercelier, sʳ de Nanteuil, demoiselle Martine Lhomme, sa femme, qu'il authorise, Jacques Vaillot, demoiselle Clotilde Lériche, sa femme, demoiselle Judic Chabot de Larinville, authorisée de M. Vailliot, Jean Berger, demoiselle Charlotte de Broutiers, sa femme...... Jacques Primaut, sieur *Dumon* (sic), Jean Delhoste, sʳ de Chamvallon et Jean Fleury, *comédiens du Roy*..... estant à Angoulême lesquelles parties se sont associées dans tous les profits qu'elles feront jusques au jour des Cendres de l'année prochaine 1686, qu'elles joueront ensemble, lesquels profits seront partagés par teste entre les associés, lesquels seront tenus de jouer leurs rooles selon le repertoire qu'ils tiendront et le dit sʳ Berger sera tenu d'assister dans toutes les pièces où il ne jouera pas. Seront les frais nécessaires faits à frais communs. Sera payé à demoiselle Madeleine Clercelier, 30 sols tous les jours qu'ils joueront. Sera tenu le dit sieur Berger de faire jouer la demoiselle Hipolite Berger dans les pièces d'*Adonis*, du *Bourgeois Gentilhomme*, d'*Andromède* et du *Festin de Pierre* et aux autres pièces qu'ils se metront à l'advenir, que la compaignie jugera qu'il sera nécessaire qu'elle joue, lorsque ladite demoiselle Madelaine Clercelier sera occupée, sans aucuns salaires. Laquelle société durera du 1ᵉʳ jour de carême de la présente année jusqu'au 1ᵉʳ jour de caresme de l'année prochaine sans qu'aucun des associés puisse quiter hors le consentement des autres à peine de 500 livres. Fait et passé au logis du sʳ de Nanteuil, le 13ᵉ jour de febvrier 1685..... Signé : Clercelier, de Nantéuil, Vailliot, Bergé, Delhoste, de Chamvallon, Primault, Fleury, Marie-Anne de Broutier, M. Lhome, Clotide Riche, Judit Chabo Larinville. »

A Troyes, parmi les renseignements qu'a donnés M. Morin sur le théâtre de cette ville (1), je ne trouve d'autres documents que la présence en cette ville en 1698 et 1699, d'une nombreuse troupe du sieur Vilaire, dite *troupe du duc de Lorraine*, sans parler du passage des différents membres de la famille Raisin (2).

Le *Bulletin du Comité des travaux historiques*, de 1885, nº 2, p. 142-146, a fait connaître l'instance engagée par Jeanne Grosbois, âgée de 34 ans environ, veuve de Gabriel Meronnet, comédien du roi, portier de l'hôtel de Bourgogne, se trouvant à Melun, dans la seconde moitié de juin 1648. Depuis un an elle était dans la troupe du sieur de la Gillaye, opérateur du roy, avec Reguin ou Raguin et plusieurs acteurs servant à son théâtre, dont Jean Reguin dit Fricquelin du pays d'Angoumois, qui l'a rendue mère après promesses de mariage. (Requête au bailli de Coulommiers, 19 juin).

M. Paul Parfouru, archiviste d'Ille-et-Vilaine, qu'une mort prématurée vient d'enlever, a récemment retracé la vie aventureuse de Marguerite Bouchard de Montemajor, fille du confident du maréchal de Luxembourg. Ancienne pensionnaire au couvent de Saint-Mandé, elle se fit comédienne vers 1689 et pendant une dizaine d'années, elle joua dans des troupes de province, probablement même en Bretagne, sous le pseudonyme de Mᴵˡᵉ Bertignon. Elle quitta le théâtre vers 1699 ou 1700 pour entrer en qualité de gouvernante chez le marquis de Cheffontaines, dont elle fut la maîtresse. A l'âge de 44 ans, en 1714, cette aventurière faisait une fin en épousant Albert du Fossé, comte de La Motte de Vatteville,

(1) Voir *Bulletin du Comité des travaux historiques*, 1901, p. 223-251.
(2) On mentionne en 1688 la troupe de marionnettes de Madeleine Robresel, native d'Écosse, veuve de Grégoire Zazony, et de son fils Grégoire, venant de Mâcon, Langres, Bar, etc.

garde du corps du roi : ce fut sa dernière « aventure » et, dès lors, elle n'a plus d'histoire (1).

*
* *

Malgré tous les renseignements que je viens de donner sur les troupes de comédiens en France au XVII⁰ siècle, que de choses nous restent encore à connaître sur leur compte! A quelle troupe entre autres rapporter cette curieuse affiche placardée pour une tragi-comédie de Scudéry. C'est peut-être la plus ancienne affiche de théâtre que l'on connaisse. Elle date du milieu du XVII⁰ siècle et prouve que, dès cette époque, les directeurs de spectacle, les comédiens et même les auteurs s'entendaient à parler au public :

LES COMÉDIENS

DE LA TROUPE CHOISIE

—

Ceste Piesse n'a point de semblables, quoyque *Ligdamon* et *Lidias* se resemble. Monsieur de Scudéry a si divinement traicté ce subject qu'il s'est aussi rendu inimitable. Nos acteurs toutes fois vous prometent de le surpasser lui mesmes si vous les honorez de votre assistance, ce . Croyez que le demy teston que vous donneres à la porte ne sauroit payer une des scènes de ce Divin Poeme GILET SAVETIER ce promet de vous donner de ris pour plus de deux caresmes, ou AMBOLUS et la grand MICHELLE, l'assisteront.

Les blancs sont réservés pour la date de la représentation. Le document a la hauteur de dix pouces sur quatorze.

(1) Communication faite par M. Parfouru au *Congrès des Sociétés*

Ce placard est un petit tableau de mœurs qui ne manque pas de sel (1).

Je citerai encore en terminant l'acte de société des comédiens de la troupe du roi, du 18 mars 1690, par lequel Marie-Anne Breteau, veuve de Jacques de Vallois, (ne pas confondre avec Valois), aussi Laurent Boyval, sieur de Champclos, comédien, et sa fille Geneviève, Françoise de Champclos, jadis de la petite troupe du duc de Bourgogne, s'associent aux Manjot et aux Beauchamp, avec Marguerite Desforges, comédienne à Strasbourg, et Antoine le Brasseur, dit Duclos (2).

Je m'arrête, car il me faudrait entamer le XVIII⁰ siècle, ce que je ne veux pas faire, les comédiens de ce temps, la Montansier et ses amoureux, ne ressemblant nullement à Mˡˡᵒ de l'Étoile et à Destin du *Roman Comique.*

savantes (Paris, avril 1904). M. Parfouru comptait publier cette curieuse histoire dans une étude devant paraître en 1905. — Voir encore le *Théâtre à Arras et à Lille en 1683.* Représentations de Dancourt, Paris, 1893, in-12.

(1) On peut en rapprocher une non moins curieuse affiche, que possède le Musée de l'Opéra, portant les armes du roi.

LA SEULE TROUPE ROYALE

ENTRETENUE DE SA MAJESTÉ

—

Vous aurez demain mardi XVIIᵉ jour de décembre, le *Feint Alcibiade* de M. Quinault. C'est tout ce que nous vous disons sur ce sujet, puisque vous scavez la vérité de cest ouvrage.

Vendredi prochain, sans aucun renvoy, la *Toladane ou Ce l'est, ce ne l'est pas.* En attendant le *Gᵈ Cyrus* de M. Quinault.

Deffences aux soldats d'y entrer, sous peine de la vie.

(2) Sur les comédiens à l'étranger, voir encore, pour les représentations données devant la reine Christine, M. Pierre de Ségur : *L'émigration à Bruxelles, 1654-1660.* (*Revue de Paris,* 1ᵉʳ avril 1904, p. 527-541,) et M. Besson, *Les Comédiens anglais en Allemagne* (*Revue universitaire,* 1896, 2ᵉ semestre. p. 335-344.)

Dans les provinces le théâtre n'offre pas le même intérêt qu'au XVIIᵉ siècle, il n'est plus qu'un pâle reflet du théâtre de Paris. Il n'y a plus à vrai dire de comédiens de campagne (1).

Au Mans, dont j'aurais tenu à dire cependant quelques mots, je n'ai guère rencontré de noms d'artistes à mentionner que ceux des parents de la mère de la célèbre Mᵐᵉ Préville, qui y jouaient en 1731 et en 1735. Michelle Sallé, mariée à Jacques Drouin, y donnait le jour le 17 mars 1731 à sa fille Madeleine-Angélique Michelle, qui en 1780 devait épouser Préville (2). En 1735 ces artistes donnèrent vingt-deux représentations de suite sur le théâtre du Mans, où ils débutèrent le 16 avril. On peut, sauf pour les vingt-cinq dernières années du siècle, les regarder comme les principaux comédiens du Mans (3).

Ce ne sont plus des comédiens, en attendant la construction d'une salle de spectacle au Mans, ce sont des acteurs de salon qui donnent alors dans le Maine les représentations les plus en vogue. On joue la comédie au château de Malicorne chez Mᵐᵉ de La Châtre, au château de Rouillon, aux portes du Mans. On la joue à Laval et même avec empressement.

On lit dans l'*Histoire de Laval* de Guitet de la Hellerie (*Société industrielle de la Mayenne*, t. IV) :

« 1757. On est dans le goût à Laval des comédies et des tragédies ; les acteurs et actrices sont des officiers, des

(1) Je dois signaler à la fin du XVIIIᵉ siècle *Les Comédiens de Campagne*, comédie représentée à l'Académie royale de musique établie à Lyon, le 22 février 1699. Lyon, Roux, 1699, in-12.

(2) Voir sur le portrait de Préville, par Vanloo, qui est au foyer de la Comédie française, M. René Delorme et aussi M. Émile Dacier, *Musée de la Comédie française*.

(3) Voir ce que j'ai écrit à ce sujet t. I, p. 13 et suiv. Je dois rappeler le titre de la comédie de Favart, *l'Assemblée des Comédiens du Mans*. Représentée d'abord à Bruxelles, elle fut jouée à la fête donnée à Bagatelle, chez Mᵐᵉ la marquise de Mauconseil, au roi Stanislas.

jeunes gens, des dames, des demoiselles ; on y entre par
billets, il se fait des représentations tous les semaines ; cet
exercice est fort goûté et fait les plaisirs du carnaval » (1).

M. Deschamps La Rivière a écrit avec de nombreux
détails l'*Histoire du théâtre au Mans* à la fin du XVIIIᵉ siècle ;
j'ai moi-même dans les *Vendéens dans la Sarthe* (2), fait
connaître d'après le rarissime *Bulletin du département de
la Sarthe*, du 3 ventôse an II, une page inoubliable de
l'histoire du théâtre au Mans pendant la Terreur, rendant
compte de la représentation de *Guillaume Tell* et du *Décadi*
de M. Leprince-Claircigny.

On trouve çà et là des fragments de l'histoire dramatique
du Mans, au XIXᵉ siècle, tels dans l'*Asmodée Cénoman* ces
vers à Mˡˡᵉ Duchesnois pendant son séjour au Mans en
1830 :

> « Sur notre scène un peu mesquine,
> Ont paru tour à tour et Georges et Victor,
> Laffon, Mars et Levert, Lavigne et puis encor
> L'ingénieux Potier, l'aimable Léontine (3). »

Enfin dans la *Notice sur le théâtre du Mans et les salles
de spectacle* de Hublin, 1885, p. 44 et suiv. le chapitre VIII,

(1) On rapporte qu'à un acteur jouant *Zaïre* et disant :

> « Quoi *Zaïre* vous pleurez ? »

l'actrice répondit :

> « Pardié, tu m'as mis le doigt dans l'œil ! »

(2) Voir t. III, p. 158 et suivantes.

(3) Léontine Fay a laissé, elle aussi, des souvenirs à Saint-Cosme,
où son père bouleversa les buttes de Mont-Jallu, dans la folle espérance d'y trouver un trésor. M. Poitevin, célèbre plus tard, comme
préfet de l'empire, M. Théodore Grimault, qui fut membre de l'Assemblée législative et d'autres jeunes gens restés plus obscurs dansèrent
alors avec la jeune comédienne dans le salon de Mᵐᵉ Anfray. — Voir
sur le théâtre à Saint-Calais, *Le Théâtre de Saint-Calais*, 1889, de
M. Peltier, où on signale le passage de Mˡˡᵉ Georges et celui de
Mˡˡᵉ Pierson à ses débuts à onze ans.

consacré aux troupes dramatiques de tournées artistiques, on trouve les noms de Rachel, de Mlle Georges, de la Ristori, de Sarah-Bernhart, de la Déjazet, etc.

Je finirai en disant un mot des affiches inédites de spectacle au Mans, qui nous restent du XVIIIe siècle ; mais c'est plutôt de la curiosité que du théâtre ; du moins beaucoup ont trait, on pourrait presque dire, à des théâtres forains, où nous serons plus exposés à rencontrer le pître enfariné des tréteaux que le successeur de des Œillets ou de Préville (1).

Voici une affiche de 1752, ayant trait à un concert :

PAR PERMISSION
DE MESSIEURS
LES MAGISTRATS DE CETTE VILLE.

G^d CONCERT.

« Madame Tosca italienne qui a eu l'honneur de jouer plusieurs / sonates et concertos de violon au concert spirituel aura l'Honneur / de se faire entendre Dimanche vingt-trois juillet. Il y aura plusieurs Airs françois, chantés par Monsieur *Bois ;* le tout sera terminé par un Air italien, avec / tous ces agréments. C'est dans la salle de Monsieur Baudouin, Maître Ecrivain, / dans la rue St Pavin, devant l'Eglise. On prendra trente-six sols par personne.

Permis d'imprimer au Mans, ce 22 juillet 1752.

THÉBAUDIN DE BORDIGNÉ.

Au Mans, chez J.-G. Ysambart, imprimeur de la ville, carrefour de la Sirène. »

---

(1) La guerre des comédiens forains avec la Comédie française au XVIIe et au XVIIIe siècle occupe encore la critique. Il n'y a pas long-temps que M. Maurice Albert, l'historien du Théâtre forain (Voir les *Théâtres de la Foire 1660-1789,* Hachette, in-12, 1900) insérait dans la *Revue de Paris* (1er juin 1900) un article sur *Une Guerre de Comédiens,* p. 621-654.

Suit une affiche de 1768, se rapportant à un théâtre de machines :

PAR PERMISSION
DE MONSIEUR LE LIEUTENANT GÉNÉRAL DE POLICE
DE CETTE VILLE

NOUVEAU THÉÂTRE A MACHINES

« Le sieur Claudy, machiniste extraordinaire des Menus Plaisirs du Roi et les sieurs Reivillo et Canalletty, venitiens, Peintres Théatrals, donneront aujourd'hui jeudi 19 mai 1768, la première représentation sensationnelle,

DE L'ASPECT DE LA VILLE DE JÉRUSALEM

Avec ce qui s'y est passé de plus remarquable selon l'histoire sacrée. Cette pièce édifiante est une de leurs plus belles, tant par la beauté de sa décoration transparente et de ses figures mécaniques.

Précédée de la BASILIQUE DE SAINT-PIERRE DE ROME qui a été redemandée et du SIÈGE DE CALAIS avec tout son spectacle.

Le tout accompagné du Divertissement de Personnages artificiels qui représenteront pour pièce le REMOULEUR D'AMOUR et la scène comique du *Petit Chien Hongrois*.

Les Entrepreneurs dudit spectacle donnent avis *au public qu'ils n'ont plus que quatre représentations à donner dans cette ville, qui sera vendredi et samedy.* (Il y aura dimanche jour de la Pentecôte, relâche au théâtre.) *Lundi, 23 mai, on représentera une pièce nouvelle qui sera annoncée par des affiches, billets et que l'on continuera mardi 24 mai pour la clôture du théâtre et dernière Représentation sans aucune remise.* Il y aura deux représentations la première à cinq heures et demie et la dernière à huit heures et demie. *On prendra aux premières places 24 sols, aux secondes douze sols, et aux troisièmes six sols.*

BIBLIOTHÈQUE
R.F.
IMPRIMÉS

M^rs les Ecclésiastiques peuvent voir ce spectacle sans aucun scrupule.

C'est dans *la salle du sieur Poitreton*, rue des Poules.

Au Mans, de l'imprimerie de Monnoyer. »

En 1776, au moment de l'ouverture de la salle de spectacle, une curieuse affiche, gravée par le célèbre Godard, d'Alençon, représente trois hommes assis sur chacun un cheval, une femme debout un fouet à la main franchissant hommes et chevaux. Une jeune fille debout au milieu de deux chevaux franchit un obstacle consistant en un cheval sur lequel est assis un homme faisant un salut au public. Voici l'imprimé de ce *prospectus.*

PAR PERMISSION.

EXERCICE ACADÉMIQUE

Qu'aucun Ecuyer françois n'ait point encore fait
et qui a surpris l'Académie vétérinaire,
exécuté par le sieur Bapt, écuyer françois.

« Il donnera aujourd'hui 6   1776, et pour 3 jours seulement une représentation telle qu'il l'a donnée à Versailles devant toute la famille royale et plusieurs cours étrangères. L'on verra ledit sieur monter debout sur 1, 2, 3 ou 4 chevaux toujours à grande course et les affranchira sans qu'ils s'arrêtent. Il ose se flatter qu'il est l'unique écuyer dans ce genre, vu qu'il fera son exercice sur tous les chevaux qu'on lui présentera. Ce manège sera suivi par une Hongroise qui ira debout sur 2 chevaux au grand galop et franchira une barrière et elle représentera la Sirène entre 2 chevaux. L'écuyer et la Hongroise feront une passe allemande et tout à grande course. L'on ne pourroit le croire sans le voir.

Ce manège surprenant et récréatif peut être vu par l'un et l'autre sexe, même par les Ecclésiastiques.

On prendra aux premières places 30 sols et aux secondes 24 sols. On commencera après vespres.

C'est à la salle de Comédie. »

Je citerai encore une dernière affiche du commencement de l'année 1780 :

Par Permission de M. le Lieutenant Général de police de cette ville.

« Les Comédiens du Roi donneront *aujourd'hui Mardi,*
29 février 1780

La 2ᵉ représentation de L'AMANT JALOUX

Opéra nouveau de M. Grétry

Suivi de la 2ᵉ représentation du

TRACAS COMIQUE

ou

LES COMÉDIENS DU MANS

Comédie en un acte (1)

En attendant l'AMOUR QUESTEUR, opéra nouveau

ET LE

SIÈGE DE GRENADE OU LE COMTE D'ESTAING

Par ordre, on commencera à 5 h. 1/2 précises.

On prendra aux premières loges, à l'orchestre, à l'amphithéâtre, 36 sols ; aux secondes, 24 sols ; au parterre, 12, et à la gallerie 15.

Les domestiques n'entreront pas, même en payant.

De l'imprimerie Monnoyer. »

(1) Cette pièce était sans doute, comme les revues de nos jours, accommodée à la ville, pouvant avec un nouveau titre, être servie à d'autres localités et n'ayant rien de commun avec la pièce de Favart.

On lit dans les Mémoires de l'abbé J.-P. Fleury cette curieuse page sur l'histoire du théâtre à Mamers à la fin du XVIIIᵉ siècle (1) :

« En 1781 le principal du collège de Mamers, Liger, prêtre séculier de Mayenne, devenu vicaire de Mamers, fit préparer un grand théâtre dans la cour de son fameux collège pour attirer l'argent des badauds de son pàys...... il profita du moment pour faire débiter à ses écoliers une comédie sur son grand théâtre. Le billet d'entrée pour les premières places était de quarante sous, pour les secondes vingt sous. On s'y portait avec plus d'empressement qu'au meilleur sermon. Pour se mocquer de la stupidité des badauds mamertins, Liger les sifflait à la fin de chaque représentation. Malgré son insolence la foule était immense. Il vuidait la bourse de ces badauds, pour remplir la sienne ; ainsi va le monde ! »

J'ai révélé ce que je connaissais en fait de vieilles affiches du Théâtre du Mans. Aux collectionneurs à publier celles qu'ils pourraient avoir dans leurs cartons (2).

(1) Chapitre premier, non publié par dom Piolin. (Communication de de M. Gabriel Fleury.)

(2) Je citerai comme vieille affiche du XIXᵉ siècle celle dont on va lire la reproduction relative au *Théâtre Comte* :

« *Théâtre du Mans*, pour la clôture définitive

Entrées de faveur généralement supprimées.

Après demain Dimanche 20 octobre 1811, Brillant spectacle.

Fantasmagorie, ventriloquie et physique de M. Comte:

Vu la longueur du spectacle on commencera à 5 heures et demie. Le bureau sera ouvert à trois heures.

M. Comte ne donnera plus que cette dernière séance au Mans, devant débuter à Paris au 1ᵉʳ jour.

Personne ne sera admis s'il n'est porteur d'un billet pris au bureau. »

CHAPITRE IV

LE THÉATRE DE COLLÈGE AU MANS
DU XVIᵉ AU XVIIIᵉ SIÈCLE

Un mot sur le théâtre au Mans au XVIIIᵉ siècle. — Intérêt que présente
l'histoire du théâtre de collège au Mans à ses diverses époques. —
L'école de la Juiverie. — François Briand, maître des écoles de Saint-
Benoît du Mans. — La *Farce de l'Aveugle et de son varlet tort* (1512).
Absence de productions dramatiques depuis 1512 jusqu'au début du
XVIᵉ siècle. — Le chanoine Jean Dugué et l'école de la rue de la
Tannerie. — Samson Bedouin, Jean Méot, René Flacé, Antoine Le
Divin, l'élu du Tronchay. — Les tragédies de Robert Garnier furent-
elles représentées au collège de sa ville natale? — Nicolas de Mon-
treux, Jacques de Fonteny, Luc Percheron.
Le théâtre scolastique au collége Saint-Benoît au début du XVIᵉ siècle,
Jean Portier de Nevers, professeur de rhétorique au Mans. — Ses
succès dramatiques de *Pantaegle* à *Tennès*. — Variété de ses inspira-
tions. — La langue latine et le mépris du vulgaire. — La fin du
collège Saint-Benoît. — Difficultés pécuniaires ; concurrence redou-
table des Oratoriens. — Les dernières années de Jean Portier.
Le collège de l'Oratoire. — La littérature des Oratoriens : André
de Clercq. — La représentation du *Mystère de saint Georges*
en 1648. — Les solennités scolaires : les énigmes. — Une page des
Mémoires de Jacques Bougard (1672). — Une énigme de 1690. —
Les représentations théâtrales au XVIIIᵉ siècle. — Sujets tirés de
l'antiquité, de l'histoire sainte, de l'histoire ottomane. — Sorte
d'évolution nécessitée par les modifications du goût général :
introduction de la pastorale (1708), de la comédie (1744). —
Apparition de la langue française ; la résistance du latin. — Progrès
croissants de la comédie : l'*École des jeunes gens* (1758), le *Retour
imprévu* (1760), le *Monde tel qu'il est* (1762). — Les exercices académiques. — Quelques exemples : Questions de littérature, Éloge de la
physique. — Dernières productions dramatiques. — Les anciens
élèves de l'Oratoire ont-ils subi l'influence de cette littérature dra-

matique ? — Michel Boyer. — Une fête à Mamers en février 1789. —
Une pastorale en l'an II. — Quelques mots sur le théâtre du
collège des Jésuites de N.-D de Sainte-Croix au Mans au XIXe siècle.
— Conclusion.

J'avais annoncé jadis que je donnerais l'histoire du
théâtre au Mans au XVIIIe siècle : les Archives départementales de la Sarthe et les Archives municipales du Mans renfer-
ment sur ce sujet de curieux documents que j'avais rassemblés et dont j'ai fait connaître quelques-uns (1). Mais, j'ai été
devancé dans cette étude et les lecteurs ont pu dès lors
connaître plus tôt ce qui a trait à cette partie de l'histoire
du théâtre manceau. Ils n'ont pas eu peut-être des détails
aussi complets que ceux que je comptais leur fournir :
ainsi l'auteur n'a pas relevé certains textes que j'avais
cités ailleurs, tel que l'acte de naissance du Mans, le
17 mars 1731, de la future Madame Préville, une des grandes
artistes du théâtre français dont je viens de parler. Mais
je n'aurais guère cependant que des bribes à ramasser après
lui, tant sur la fondation du théâtre par M. Chesneau-
Desportes que sur les représentations du château de
Malicorne en 1777, sur la Montansier, qui fut directrice des
troupes d'Angers et du Mans et vers laquelle l'attention
a été récemment rappelée (2). L'auteur a écrit d'intéressantes
pages sur l'histoire de la Révolution au Mans, vue à travers
le théâtre. Je rappelle que j'avais déjà fait connaître le
curieux compte-rendu de la représentation de la tragédie
de *Guillaume Tell* et du *Decadi* de Leprince-Claircigny, par
Rigomer Bazin et d'autres acteurs-fonctionnaires de la
même troupe : je l'avais emprunté à la pièce la plus rare de
ma collection de pièces révolutionnaires, le *Bulletin du
département de la Sarthe* du 3 ventôse an II rédigé par

(1) Voir *Nouveaux documents sur les Comédiens de Campagne*,
p. 13-15.
(2) V. *La Montansier*, de MM. E. Villaret, Robert de Flers et Jeoffrin.

les acteurs eux-mêmes (1). Ce qui lui revient en propre, c'est l'attachant récit fait d'après les journaux du temps (l'*Espion*, etc.) de la façon dont *l'Intérieur des comités* et les autres pièces de théâtre étaient appréciées au point de vue politique. Il ne restera plus désormais qu'à raconter l'histoire du théâtre au Mans depuis 1800 jusqu'à la construction de la nouvelle salle de spectacle (2) ; les journaux du temps sont pleins de renseignements sur le passage au Mans de Mlles Georges, Mars, Rachel, etc. (3). Je ne parlerai pas de cette histoire.

Je préfère terminer par un chapitre inédit sur l'histoire du théâtre de collège au Mans. Elle s'ouvre par un curieux Mystère, en 1512 ; elle se continue par des tragédies latines, au commencement du XVIIe siècle ; elle se prolonge jusqu'à la Révolution par le théâtre des Oratoriens, sur lequel j'ai rassemblé une quantité de programmes de pièces et d'énigmes. Je ferai aussi connaître une intéressante page de Mémoires du XVIIe siècle, aujourd'hui disparus, qui s'y rapporte. Allons donc à la découverte du théâtre de collège du Mans ! C'est un filon qui a été bien exploité dans ces derniers temps ailleurs qu'au Mans.

Tâchons de réaliser pour la capitale du Maine ce qui a été fait pour Reims, Troyes, Avranches, Vendôme, etc.

* *

Au commencement du XIIIe siècle, vers 1210, la reine Bérengère donnait au chapitre de Saint-Pierre-de-la-Cour

(1) Voir *Les Vendéens dans la Sarthe*, t. III, p. 158 et suivantes.

(2) Voir Hublin, *Notice sur le Théâtre et sur les anciennes salles de spectacle du Mans*, in-8° 1885.

Le conseil municipal du Mans, dans sa séance du 14 décembre 1835, décida que le plan d'une salle de spectacle serait mis au concours. (Voir *Concours pour la construction d'une salle de spectacle au Mans*, 7 pages in-4°. Le Mans, Fleuriot.) La nouvelle salle fut inaugurée le 13 mai 1842.

(3) Voir Hublin, p. 44 et suivantes. Voir aussi *Stances adressées à Mlle Duchesnois, par J. C*. Le Mans, Fleuriot, 4 p. in-8°.

l'école de la Juiverie. Un extrait inédit du Nécrologe de Saint-Pierre-de-la-Cour constate cette donation, redressant ainsi les erreurs de plus d'un écrivain manceau : « VII idus aprilis, hic obiit Richardus, illustris rex Anglie, pro cujus anima venerabilis Regina Beringaria, ejus relicta domina Cenom., dedit huic ecclesie *scolam Judaeorum*, ita quod quidquid inde haberi poterit annuatim canonicis ejusdem regis anniversarium celebrantibus dividatur. » (1).

Cette école existait encore au commencement du XVIe siècle (2) sous le nom *d'école de Saint-Benoît* et c'est dans ses murs que se produisit la première manifestation du théâtre de collège au Mans en 1512. A cette date le « maistre des escolles de Saint-Benoît du Mans », François Briand faisait représenter « quatre histoires par personnaiges sur quatre évangilles de l'Advent, à jouer par les petis enfans les quatre dimenches de l'Advent de ce présent an mil cinq cens et douze. » Ces quatre histoires faisaient partie d'un recueil de Noëls dont voici le titre exact et dont j'ai fait connaître récemment l'existence et le texte d'après l'exemplaire unique de la Bibliothèque de Bourg :

SE ENSUYUET LES NOUELZ NOUU
AULX DE CE PSENT AN MIL CINQ
CES ET DOUZE DOT EN Y A PLUSI-
EURS NOTEZ A DEUX PTIES DOT
LUNE NEST QUE LE PLAIN CHANT.
AVECQUES QUATRE HISTOIRES PAR

---

(1) Cf. ms. des Archives municipales du Mans, aux Archives départementales de la Sarthe. — Je suis heureux de citer ce document relatif à la reine Bérengère dont j'ai naguère écrit l'histoire (*Histoire de la reine Bérengère*, Le Mans, 1866, in-8). J'ai depuis cette époque rassemblé sur son compte bon nombre de pièces inédites.

(2) Voir les renseignements qu'a donnés sur elle à la fin du XVe siècle A. Bellée, *Recherches sur l'instruction publique dans la Sarthe*, p. 177 et suivantes et qui pourraient être facilement augmentés.

PERSONNAIGES SUR QUATRE ÉŪAGILLES DE L'ADUĒT
A JOUER PAR LES PETIS ENFANS LES QUATRE DIMĒ-
CHES DUDIT ADUĒT. COMPOSEZ PAR MAISTRE
FRANÇOIS BRIAND MAISTRE DES ESCOLLES DE
SAINCT BENOIST EN LA CITÉ DU MANS.

Les quatre histoires ne sont autre chose que la réduction
des *Mystères de la Nativité*, legs du théâtre liturgique du
Moyen-âge (1). Mais il s'y trouve insérée une comédie ou,
pour mieux dire, une farce, prélude du théâtre moderne,
que j'ai récemment publiée. Je crois devoir la reproduire
ici, parce qu'elle est vraiment bien intéressante pour l'histoire du théâtre manceau.

FARCE

DE L'AVEUGLE ET DE SON VARLET TORT

COMPOSÉE PAR

MAISTRE FRANÇOIS BRIAND

MAISTRE DES ESCOLLES DE SAINT BENOIST, EN LA CITÉ DU MANS

FAISANT PARTIE

de quatre histoires par personnaiges sur quatre évangilles
de l'Advent à jouer par les petis enfans les quatre
dimenches de l'Advent de ce présent an
mil cinq cens et douze

L'Aveugle Thonault (2)

Jamet !

Jamet, *varlet tort*

Thonault !

---

(1) Voir mon étude sur *Les Mystères dans le Maine et les Greban*,
1879, in-8°.
(2) Cette farce fait partie de la « tierce histoire » de François Briand.

L'Aveugle.

Où est ma pouche ?
Et, par le corps Dieu, il despouche
Tout ce que je puis empoucher.
Ou me puisse les yeulx poucher,
Si ne vous accable pochu,
Jamet.

Jamet.

Mais que veult ce béchu (1) ?
Par le cordier, va t'en chi...
Car je te pense coucher
Compaignie et prendre congé.

L'Aveugle

Jamet !

Jamet.

Thonault !

L'Aveugle.

Tu as mangé
Le gros escarillon de lard,
Que nous donna ce gros paillart
D'entre cy et la Veille Porte (2).

Jamet.

Voyre, ma part.

Elle se trouve à la page 33 du texte imprimé, à l'endroit où les disciples vont trouver saint Jean-Baptiste, le Précurseur, à la mission duquel a trait cette partie du Mystère.

(1) *Béchu*, de même que *bécu*, veut dire qui a la forme pointue d'un bec.

(2) La Vieille-Porte, qui donnait accès dans le quartier Saint-Benoît, était alors le vrai centre du Mans. Si la porte n'existe plus, du moins il

L'Aveugle.

Pour Dieu, rapporte
Et je te reçoy à partaige,
Que que die encore t'ai ge
En mes recommandations ?
Tocque là, Jamet.

Jamet.

Ne soyons
Donc toy et moy en castille (1).

L'Aveugle.

Tocque là, tu auras ma fille :
Hay, hay, visire paulme
Jamet !

Jamet.

Sans Gaultier ne Guillaume (2).
J'entends que soit à asseurance,
Thonault.

L'Aveugle.

Tu es sot, Jamet, vive France !
Tocque là, toque. As-tu bien ouy ?

Jamet.

Me asseures-tu ?

reste toujours la rue de la Vieille-Porte qui lui doit son nom. Cf. *Plan des anciennes enceintes de la ville du Mans*, dans *Étude sur l'Histoire et les Monuments du département de la Sarthe*, par E. Hucher, 1856, in-8°.

(1) *Castille*, querelle.

(2) On voit que cette locution était en usage dès le commencement du XVIe siècle, et antérieure à la célébrité des deux auteurs du XVIIe

L'Aveugle.

Ouy, ouy.
Toppe là, gentil Jamet fourche.
(Lors il tocque et l'aveugle le prent
et le torche.)
Et par les vertus torche, torche,
Vous en aurez plusque mimet (1).

Jamet.

Pour Dieu, Thonault !

L'Aveugle.

A, hà Jamet ?
Je vous feray chi... la gache.

Jamet.

Mon povre corps avez à tache
Pour Dieu, Thonault ! pour Dieu ! Thonault,
Je rendré tout.

L'Aveugle.

Parle donc hault,
Que j'en aye atestacion.
Tu fais cy protestation
Que tu me tiendras loiaulté.

Jamet.

Sainct Jehan, ouy.

auxquels l'a rapportée Édouard Fournier, *Introduction* des *Chansons de Gautier Garguille*, p. LXXXI.

(1) MM. Paul Meyer et Émile Picot m'ont proposé dans leurs obligeantes communications, de voir dans ce mot l'un le diminutif de Guilleminet ou de Jacqueminet, l'autre le nom populaire altéré du chat. On ne peut songer à Mimin.

L'Aveugle.

Je suis gasté
Beau sire que je ne voy cler (1).

. . . .

Mais scais tu quoy?

Jamet.

Nenny, vrayement.

L'Aveugle.

As tu ouy parler d'un prophète
Qui a terrible chose faicte.
Par tout ce pays, ainssy qu'on dit?
On dit qu'il benist et mauldit,
On dit qu'il faict tout et deffaict.
Ma grant mère m'a dit de faict,
Qui ne bouge plus de nyot
Près le feu, que j'estoys bien fol
Que ne lui allaye faire chère.
L'a dit aussi la chamberière
Janequin, la grosse fessue,
Qui a une tête de massue.

---

(1) Thonault dit ici en quatre vers, qu'il est impossible de reproduire, que, bien qu'aveugle, il sait voir très clair en matière d'exploits amoureux. — L'aveugle du mystère de Saint-Martin, de 1496, se contente de dire

En la taverne
J'y vois bien souvent sans lanterne.

A la décharge de François Briand, que je n'entends nullement absoudre, je rappellerai que, dans la contrée choisie par Bonaventure Despériers comme théâtre de plus d'une de ses *Nouvelles*, la grosse plaisanterie n'a jamais fait peur, que les plaisanteries salées ont coutume d'y appeler le rire sur les lèvres et que le chapelain Charles de Bourdigné s'en permettait alors de bien crues dans sa *Légende de Pierre Faifeu*, de même que l'auteur de *Saint Christophe*.

8

Tu la congnois bien ; ce n'est point
Celle a qui fault xviii points
Pour les souliers. C'est une brune,
Celle qui mangea une prune
A unze mois en damoiselle.
Babu, ce n'est pas la pucelle
De soixante ans, m'entends tu bien ?

JAMET.

C'est donc Perruchon ?

L'AVEUGLE.

　　　　　　　　Or, ty tien,
Car tu y es lessés toy choir.
Varlet, il te puisse meschoir ;
Tu m'as troublé l'entendement.
De quoy parloy ge ?

JAMET.

　　　　　　　　Vrayment
Il vous vauldrait autant vous taire
De la chamberière.

L'AVEUGLE.

　　　　　　　　Sainct Jehan, voire,
Qui mengue à son réveillon
Ung pain festiz ; mais nous faillon.
J'avoys commencé du prophète.
Et, par Dieu, si est el bien faicte
Ceste dyable de chamberière ?
Mais quel vent par son huys derrière
Vient, quand el a mengé des naveaux.

Mais revenons aux faicts nouveaulx
De ce prophète que disoye.
Par mon serment, je l'advisoye
Une fois ceste chamberière,
Où elle brulloit sa penillère (1)
Où fournil o ung lamperon.
Mais je ne sçay, quand nous iron
Toy et moy devers le prophète,
S'il y aura ja chère faicte.
A l'entrée et arrivement
Je descendré de ma jûment,
Pour luy faire la révérence ;
Par mon Dieu, j'ay ferme espérance
Qu'il me fera veoir de mes yeulx
Plus cler que le chat chassieux
Qui fut trouvé en la barate
De ma grant.

JAMET.

C'estoit une chate,
Qui estoit brullée toute au feu.

L'AVEUGLE.

Ne nous batons point pour si peu.
Il y a plus gaigne ou plus perte,
Mais la grant haize (2) elle est ouverte
Afin qu'allassons au plus droit ?

JAMET.

Par Dé, mon maistre, il conviendroit
Si vous voullez aller en barbe

(1) Tablier.
(2) Barrière.

Du prophète, que voustre barbe
Fust ung petit mieulx disposée.

L'Aveugle.

Hay ! avant qu'elle me soyt tousée,
Çà, ce bassin ; çà, ce rasouer
Moulle, varlet.

Jamet.

Or, vous séez,
Maistre, vecy le bassin.
(Note qu'il fault que le varlet mec-
tre du moret (1), ou quelque autre chose
au bassin pour mouller son maistre).

L'Aveugle.

Ainsin, ainsin, ainsin, ainsin !
Mon Jamet, faictes moy beau gars.
Si je puis recouvrer regars
Je seroys seigneur de Beauvoys.
Là, là, là, là.

Jamet.

Il me faut voyr
Comment couppe nostre rasouer.

L'Aveugle.

Metz devant moy ton mirouer
Et gy verray quelque lueur.
(Jamet le fait mirer en ses fe....).
Par mon Dieu, j'ay belle couleur,
Velà ung trébon mirouer.

(1) Savon.

Il me vient au viz esclairer.
Peu s'en fault qu'il ne me faict voir.
Et me voy bien, c'est assavoir
Entre moy et le mirouer
Je voys bien reluyre et bruez,
Il reluit comme le fin feu,
N'est-il pas rond?

JAMET.

Ouy, par bieu!
Aussi rond que boucher de tonne.

L'AVEUGLE.

Me feras tu point ma couronne?
Je suis chappelain de Maulny (1)
L'oblyeras tu?

JAMET.

Nenny, nenny.
Mais il me fault verser de l'eau.

L'AVEUGLE.

Maudit en soit le truandeau!
L'eau me descend jusques au c....
Mais suys je beau? Y a il nul
Qui m'en sceut dire vérité?

JAMET.

Ouy, Thonault, en loyaulté.

_____

(1) C'est-à-dire associé à la chapellenie du Gué-de-Maulny, une des principales confréries du Mans. Le texte porte par erreur *Maulvy*. Ce n'est pas la seule erreur qu'il y ait dans l'impression de cette farce.

L'Aveugle.

Que m'as tenue faulce et traistresse.
Te pry que nous prenons l'adresse
Vers le prophète célestin.
Le vray Messie.

Jamet.

A ce matin
N'advons, ni bien, ni pienthe.

L'Aveugle.

Mès où prins ?

Jamet.

Vecy le marché,
Vecy une bonne bourgeoyse.
Demandez sans faire grant noyse,
Nous aurons quelque lopton.

L'Aveugle.

Dame, au nom du champion
Et du chevalier de la tour
De Paradis, que en ce jour
Ayez quelque pitié de moy
Et de mon varlet !

Jamet, *en voix de femme.*

— Davant hay,
A tous les dyables la héraille —
Demandez fort.

L'Aveugle.

Point truandaille.
Je suis ung aveugle dyort (1)
Et mon varlet un povre tort,
Qui onc n'alla droit en besongne,

Jamet, *en femme.*

Ne me portez jamais de hongne.

L'Aveugle.

Ma dame, donnez reconfort
Aux povres de Dieu, a, a madame !

Jamet, *en varlet.*

Criez plus fort.

L'Aveugle.

De corps et dame
Vous mercye très humblement.

Jamet, *en femme.*

Vous musez cy trop longuement
Et par de vous aurez de l'eau.

L'Aveugle.

Jectez donc sur ce truandeau,
Il a meilleur dos que moy,
Jamet !

(1) *De ortu,* de naissance (?)

JAMET.

Thonault.

L'AVEUGLE.

J'en ay, j'en ay.
Mais je prendroye en patience
Si n'estoit pour toy.

JAMET.

Et je pense
Que j'en ay, si oncques homme en eust
Et nous trompit.

L'AVEUGLE.

Et nous déceut.
N'en parlons plus, c'est chose faicte
Et allons cercher le prophète,
Tout esbat et tout jeu postmys.
(Icy vient devant le prophète.)
O Messias qui es transmys
Des cieulx, pour réparer l'offence
D'Adam et pour faire défence
De saisines et possession
A enfer, cy confesson
Tu sais que moult énormement
T'ay offensé et griefvement ;
Et donc as la cause préveue
Et la rayson pourquoy la veue
Ay perdu ; je t'ay desservi,
Mais vray, je te cry mercy !
Mon très piteux cas apparçois,
Donne moy cela que tu scays
Mieulx donner que moy demander.

· JAMET.

Hélas ! te plaise comander
Au povre Jamet le boyteux,
Qu'il aille droit et ce maist Dieux
Il n'en chomme que de bedire,
Jamais ton vouloir contredire
Ne vouldroy à luy qui ta mis
O nous icy bas et transmys,
Comme moy, à l'endroit
Que je chemine et aille droit,
Et tu ne viz oncques mieulx aller.
Si tu veulx ce seul mot parler :
« Va droit Jamet », je veulx mourir
Si je ne deffie à courir
La grant coursière Atalanta,
Que Lypodames arresta
Par le col et habilité
De Venus, quant il eut porté
Les pommes de fin or receus (1).

JÉSUS.

Povres mendiens paciens,
Je cognoys et voy vos molestes
Et vos entendemens agrestes,
Garniz de foy et de prudence
Et croy qu'avez plus de science
Que les Scribes et les Pharisées.
Vos grans complainctes proposées
Ont le ciel cristallin passé,
Et a vostre fait transpassé

---

(1) Voir *La Course d'Atalante et la victoire d'Hippomène*, par I. Figon de Monteillimar, en Dauphiné. A Tolose, chez Pierre du Puys, à l'enseigne de la Fontaine, de l'imprimerie de Guyon Boudeille, 1558, in-8º de 24 pages.

Par le conseil célestiel,
Et a esté jà raport tel,
Povres, que serez exaulcés.
Or vous levez et vous haulcés.
Povre, mendien, souffreteux,
A toy je rendré les yeulx,
Et toy te feroy aller droit.
Flechiz toy, mercis cy en droit
Mon benoist père glorieulx.

L'Aveugle.

Je voy le soleil et les cieulx
Je voy la lune et les estoilles
Je voy, Jésus, tes grans merveilles.
Je voy que tu es plus que homme.
Je voy et conclu tout en somme
Que tu es le vray Messias
Et que le plein pouvoir tu as
Du Dieu du ciel et de la terre.

Jamet.

Vrai prophète, tu as la guerre
Mis à fin de Dieu et de l'homme.
Babylone, Cartaige et Romme
Qui tenez dominacion
Potestat et prelacion
En Europe, Affricque et Assye,
Venez adorer le Messie.
L'Escripture est par luy parfaicte (1).

(1) Après ces beaux vers, il s'en trouve vingt autres que débitent
deux disciples de Jean-Baptiste.

JÉSUS.

Retournez vous en, mes enfans
Dictes luy que me recommande
A luy et aussi que luy mande :
Les torz vont droit, aveugles voyent,
Mors ressuscitent et sours oyent,
Lépreux, mezeaulx, ladres guarissent
Et les povres évangélistent
Benoit soit et canonisé
Qui ne sera scandalizé.
En moy,
Qui la voye te vient préparer,
Que doit passer et suppérer
Tous filz et filles nez de femme.

L'AVEUGLE.

Ce sommes nous donc de l'infâme
Péché d'Adam huy délivrez.

Mes seigneurs vous excuserez
Nostre entendement moult fragille.
Vous avez ouy l'évangille
De jourd'huy auprès de la lettre,
Vous plaise les faultes postmettre (1).

*
* *

On pourrait croire après la pièce de François Briand (2) devoir trouver d'autres productions dramatiques au collège

(1) Après un Noël, que chantent les disciples de Jean, finit la troisième histoire. N'étaient les quatre vers qui font tache dans l'œuvre, ne pourrait-on pas dire qu'au Mans, en 1512, le maître des écoles de Saint-Benoît a produit une gentille saynète, terminée par de beaux vers et de chrétiennes pensées ?

(2) Voir sur Briand les renseignements que j'ai fournis sur son

Saint-Benoît du Mans dans tout le cours du XVIᵉ siècle.
Il n'en est rien. Ce collège, d'ailleurs semble avoir langui
jusqu'à la fin du premier tiers de ce siècle. Le chanoine
Jean Dugué voulut remédier à ce fâcheux état de choses.

Ce chanoine avait de nombreux liens avec la paroisse
de Saint-Benoît, où il était né, et avec ses écoles. Son père
Adam Dugué, procureur du roi, avait été inhumé en l'église
Saint-Benoît, dans laquelle, par son testament du 9 janvier
1504, il avait fondé une messe « à l'autel de Notre-Dame, à
célébrer tous les samedis par les sieur curé et vicaire,
répondue par le principal régent et escolliers lors pré-
sens en la même paroisse, lesquels avoient dès auparavant
accoutumé de ce faire ». Le 16 novembre 1528, maître Jean
Dugué « ayant le dessin de faire bâtir des logis pour l'habitation du maître régent et pour l'exercice des escolles, qui
d'ancienneté avoient coustume d'estre tenues en la ditte
paroisse de Saint-Benoist et qui avoient été depuis *incen-
diées* », traita avec le Chapitre de Saint-Pierre-la-Cour qui
avait le droit de patronage et de collation de la charge de
principal de ces écoles « pour le droit d'indemnité des dites
maisons qu'il était obligé d'acheter dans leur fief...., lequel
don il entendait faire pour le bien public à la charge d'exécuter la volonté de son père, et encore de célébrer chacuns
vendredys à perpétuité par le maistre d'escollé une messe
de la Croix de Nostre Seigneur, ycelle répondue par les
enfans qui seront ès dittes escolles » (1). Par un autre acte
du 24 août 1532 et un codicille du 19 novembre 1540, il

compte dans ma publication de cette farce en 1903. Il succédait dans
la direction de l'école de Saint-Benoît à un régent qui la quittait pour
accompagner à Rome l'évêque François de Luxembourg, dont l'entrée
au Mans, avait été accompagnée, il ne faut pas l'oublier, de la représentation d'une « farce moralisée de pastoureaux ».

(1) J. Dugué, prévoit le cas où le maître de l'école de Saint-Benoît ne
serait pas prêtre. La messe devra être dite à ses dépens par un prêtre
de Saint-Benoît, « aussi s'il y avoit sous-maistre ès dites escolles qui
fut prestre, ledit sous-maistre la pourra dire ».

ratifia cette donation et donna la maison « qu'il avoit lors
édifiée et autres qu'il feroit édifier cy après dans la rue de la
Tannerie, indamnes pour les sieurs de Saint-Pierre, pour
servir de logis convenable pour les dictes écolles et pour le
logement du maître et de leurs successeurs, tant si longtemps qu'ils les tiendront aux charges ci-dessus et de
célébrer un anniversaire au jour de son décès à perpétuité
dans l'église de Saint-Benoist par le maître régent et
escolliers (1). »

La maison édifiée par Jean Dugué, où furent dès lors
installées les écoles de Saint-Benoît, était située rue de la
Tannerie ou du portail Sāinte-Anne (tendant de Saint-Benoît
à Saint-Hilaire) et touchait aux murs et tours faisant la
cloison de la cité (2). Elle était bâtie dans le goût de la
renaissance italienne qui au commencement du second tiers
du XVIe siècle, était en France dans son plein épanouisse-

(1) Voici les noms des principaux régents du collège Saint-Benoît depuis 1538 : Jehan Dulong, 1538, 12 juillet ; Gervais Dutertre, 1538,
10 octobre, qui en 1544 fut réprimandé par le Chapitre de Saint-Pierre-
la-Cour pour les abus existant dans la maison, et invité à la diriger avec
plus de sagesse et de prudence. 1564, Nicolas Potier, principal ; 1581,
Maîstre Jean Raguindel, principal à qui le Chapitre reprocha le défaut
d'assiduité de ses régents ; 1599, Me René Leroy, prestre, licencié en
droit, est pourvu de la charge de principal du collège (primarius). 1614
Jacques Marsault, nommé sur sa demande principal après Lecouturier.
Il était aussi curé de Saint-Hilaire ; il conserva sa fonction de principal
jusqu'à sa mort, qui rendit vacante la prébende préceptorale, ce qui
amena la réunion du collège de Saint-Benoît à celui de l'Oratoire, le
13 décembre 1649.

(2) François Dugué ne faisait, en la bâtissant, qu'exécuter les volon-
tés du cardinal de Luxembour g. Lacroix du Maine (Bibliothèque française, p. 500) dit que la fondation de ce collège est due au cardinal de
Luxembourg, mais que les exécuteurs testamentaires s'en sont attribué l'honneur. On voit intervenir aussi Jean Dugué dans la fondation,
du collège du Mans à Paris, due au cardinal de Luxembourg. On ne
trouve aucune disposition testamentaire du grand évêque en faveur des
écoles du Mans. Mais on retrouve sa devise sur la maison : Memento
finis. Cf. abbé Voisin, p. 25 ; Cauvin, Recherches sur les établissements
de charité et d'instruction publique du diocèse du Mans, p. 115.

ment. Une partie a été démolie vers 1846. Il en subsiste
encore un portail et deux fenêtres dans le style en usage
sous François Ier. Les moulures sont imitées de l'architec-
ture grecque, les chapiteaux sont ornés de chimères. Voilà
à quoi se borne la description de l'abbé Voisin, qui cite en
outre quelques restes d'inscriptions. Les aveux mentionnent
au-delà du grand portail une cour dans laquelle il y a une
fontaine en forme de jet d'eau (1).

On serait tenté de croire qu'une fois le collège de Saint-
Benoît pourvu d'un gîte, de la prébende préceptoriale et
partant d'une plus grande importance, les renseignements
sur son compte doivent être plus nombreux et nous révéler
quelques particularités sur les solennités scolastiques de
la belle époque de la Renaissance, où le culte du théâtre
antique était un vrai plaisir pour la foule avide des lettrés.
On pourrait croire trouver là, sinon quelques souvenirs de
jeunesse de Denisot, de Tahureau, du moins quelques traces
du passage de Robert Garnier et de Luc Percheron qui
auraient emporté des bancs du collège leur goût pour la
Muse tragique, ou même y auraient vu naître leurs premiers
essais.

Hélas ! on ne connaît aucune œuvre dramatique, ne fut-ce
que par son titre, qui se rattache alors à l'histoire du collège
Saint-Benoît.

On trouve au contraire mentionnés par Lacroix du Maine,
comme auteurs dramatiques au Mans, des régents de collèges
autres que ceux du collège Saint-Benoît.

Il y avait sans doute dans cette ville d'autres collèges,
non permanents, si je puis dire, mais dirigés par des ecclésiastiques ayant obtenu la permission viagère d'établir et
de diriger une école dans leurs paroisses et d'avoir quelques
pensionnaires. C'est ainsi qu'il faut comprendre l'existence

(1) Deux beaux dessins des parties encore existantes en 1846 furent
déposés dans les Archives de la Société française d'archéologie du
Mans, où il serait désirable qu'on put les retrouver.

de ces collèges dont on a voulu confondre les régents avec ceux des écoles de Saint-Benoît.

Quoi qu'il en soit, on ne connaît rien aujourd'hui des essais dramatiques signalés par Lacroix du Maine. J'ai pu exhumer les Noëls de Samson Bedouin, le gai moine de l'abbaye de la Couture qui, du 12 janvier 1526 date de sa profession à 1563 date de son décès, eut beau temps pour produire les échantillons de sa verve gauloise. Pourra-t-on retrouver un jour quelques-unes des pièces, tragédies, comédies, moralités et *coqs à l'âne*, qu'au dire de son compatriote Lacroix du Maine, il faisait jouer par les écoliers du Mans dans les rues et faubourgs de la ville, mais qui ne paraissent pas avoir été imprimés ?

Exprimons le même souhait pour les pièces que fit aussi jouer et représenter en public Jean Méot, lorsqu'il était régent du collège de Gourdaine au Mans et qui florissait en 1574, aux dires de Lacroix du Maine (1).

Il est plus étonnant qu'il n'ait été rien conservé des tragédies scolastiques d'un personnage plus connu, René Flacé, qui après avoir dirigé un petit collège à Noyen dans le Maine *(apud Novianos humanorum litterarum professor)*, était devenu curé de la paroisse de la Couture au Mans, et y avait établi un collège florissant *(e museolo Culturæ curionatus)* où il enseignait les belles-lettres et qui fut pour les jeunes gentilshommes d'alors une école de sciences et de bonnes mœurs (2). On a conservé un bon nombre des

(1) Ce collège de Gourdaine est resté inconnu au point de laisser des doutes sur son existence. Cependant un *Almanach du Maine* signale paroisse de Gourdaine, la Grande Maison appelée l'école, où il indique même les vestiges de bains Romains. Est-ce la même que l'ancienne école de la reine Bérengère ?

(2) Le curé La Crochardière s'est trompé en faisant de lui un principal du collège Saint-Benoît.

œuvres poétiques de René Flacé, ainsi què quelques vers de ses élèves qui l'appellent :

« Clarus Apollineà Flacœus in arte magister » (1).

Mais on a perdu les œuvres dramatiques que, suivant la mode du temps, il faisait jouer dans les solennités scolaires de son collège.

Lacroix du Maine signale entre autres comme ayant été jouée de son temps en juin 1579 *Elips, comtesse de Salbery*, tragédie qui n'eut probablement pas les honneurs de l'impression ; mais il indique comme imprimée au Mans cette année-là, chez Marin Chalumeau, la chanson que René Flacé fit en l'honneur de la comtesse.

Cette chanson n'a-t-elle pas été par hasard sauvée de la destruction en entrant dans un volume de mélanges, et sa recherche n'est-elle pas de nature à piquer la curiosité d'un bibliophile manceau ? Je connais un exemplaire de Flacé qu'un de ses possesseurs dit avoir retiré *e sterquilinio ;* un curieux n'aura-t-il pas fait la même chose pour la chanson *en l'honneur de la comtesse ?*

Il est regrettable qu'en dehors des pièces des régents de collège, on ne trouve pas non plus la trace de celles des lettrés du temps qui par leur nature même étaient naturellement appelées à être représentées sur la scène des vieilles écoles de Saint-Benoît. On ne sait rien de la *Judith*, de l'*Esther*, de la *Suzanne*, tragédies non imprimées d'Antoine Le Devin, connu sous le nom de· l'élu du Tronchay, mort en 1570, et dont Lacroix du Maine son ami a célébré le talent. Ces pièces avaient peut-être été

(1) Vers de F. F. Georgeard, bachelier en théologie autrefois son élève, qui se trouvent, ainsi que d'autres *Epigrammata* des anciens élèves du curé de la Couture, en tête de son *Catechismi pars posterior*, 1590.

inspirées par le *Sacrifice d'Abraham* de son coreligionnaire Théodore de Bèze.

Ce qui est plus surprenant, je l'ai dit ailleurs, c'est qu'on ne sache pas même hélas ! si quelqu'une des tragédies de Robert Garnier n'a pas été représentée dans la province natale de leur auteur (1). Son ami, l'angevin Pascal Robin, dont on lit des vers, ainsi que ceux de Pierre Amy en tête d'une des pièces de Garnier, vit, aux dires de Lacroix du Maine, sa tragédie d'*Arsinoe* jouée au collège d'Anjou en 1572 ; on ignore si l'auteur d'*Hippolyte* eut le même honneur dans son pays d'origine. C'eut été dans un collège aussi qu'elles eussent dû y être représentées ; malheureusement, en dehors des vers de Pierre Amy, on ne possède pas un seul témoignage local relatif aux œuvres de l'un des pères de la tragédie française. Peut-être le poète exerçant dans le Maine de hautes fonctions de judicature ne se souciait pas de se voir exposé à la critique de ses mordants compatriotes ? Peut-être dans sa province n'étail-il auteur qu'en *catimini* et les portes bien fermées, de peur que le poète ne parut faire tort à l'autorité du magistrat ? On ne sait rien au reste sur la représentation des premières œuvres dramatiques de Garnier. Ce ne furent que les *Juives* et *Bradamante* qui durent de bonne heure avoir les honneurs de la représentation et qui furent jouées longtemps après leur apparition, puisque dans le *Roman Comique* la Caverne nous dit que dans sa jeunesse elle avait joué dans *Roger* et *Bradamante* avec sa mère au château du baron de Sigognac.

On ne sait rien non plus de la représentation dans le Maine des pièces de Nicolas de Montreux, sieur du Mont-Sacré, dont quelques-unes étaient plus appropriées même à la scène des collèges que celles de R. Garnier, telle que

---

(1) Cf. H. Chardon, *Robert Garnier, sa vie, ses poésies inédites. Revue historique et archéologique du Maine*, 1904.

le *Jeune Cyrus*, et dont une d'entre elles, sans parler de son opéra d'*Arimène* représenté à Nantes, fut jouée au collège de Poitiers en 1581. Sa comédie de *Joseph le Chaste* fait encore partie du recueil de *Diverses tragédies sainctes de plusieurs autheurs du temps*, recueillies par Raphaël du Petit-Val (Rouen, 1606, petit in-12), dont le plus grand nombre fut joué dans les collèges (1).

Rien non plus de son rival en pastorales, Jacques de Fouteny, qui dédiait en 1608 à Mᵣ Charles d'Angennes, vidame du Mans (Paris, David Leclerc, 1608, in-12), les *Bravacheries du capitaine Spavante* (le type des matamores), traduites de François Andreini, le célèbre directeur de la troupe des *Gelosi*. Les libertés de la comédie italienne, au reste n'étaient pas faites pour l'atmosphère des collèges. On n'y jouait pas non plus, bien entendu, la *Célestine*, même fidèlement *repurgée* de Fernand Royas, par Jacques de Lavardin, seigneur du Plessis-Bouret en Touraine.

La tragédie de *Pyrrhe* que le 2 avril 1592 Luc Percheron, de Saint-Jean-d'Assé, dédiait de Beaumont à Mesdemoiselles Marthe et Élisabeth de Beaumanoir, sœurs du maréchal de Lavardin, n'eut pas non plus sans doute les honneurs de la représentation. Restée pendant longtemps dans le cabinet des deux savantes sœurs, elle ne fut probablement jamais arrivée à la publicité, si elle n'était pas tombée sous les yeux des deux savants bibliophiles du Maine qui la firent imprimer en 1845. Cette tragédie en cinq actes imprimée sur le manuscrit autographe, petit in-folio de 106 pages, Bibliothèque du Mans, nᵒ 74, autrefois appartenant à la Bibliothèque de l'abbaye de Saint-Vincent, n'a été tirée qu'à

(1) La biographie d'Olenix de Mont-Sacré, l'auteur des *Bergeries de Juliette, dédiées au sieur de Vallée, gentilhomme du Maine*, est encore plus obscure que celle de Robert Garnier. Quelques titres de ses œuvres le disent curé ou sieur de Barenton. On a de nombreux renseignements sur la splendide représentation de sa pastorale, véritable *opéra*, représentée au château de Nantes.

seize exemplaires, Paris, Crapelet, 1845, in-8º, 80 pages.
Percheron ne produisit sans doute aucune œuvre nouvelle
dans le Maine, son pays, où il dut se fixer alors, car en
offrant sa, tragédie à ses protectrices, il leur dit qu'il a
depuis deux ou trois mois donné quelque « catastrophe à ses
estudes ès loix, et qu'il a esté rappellé à la patrie pour y
faire peut-être long séjour ».

*
* *

Au commencement du XVIᵉ siècle, c'est dans le collège
Saint-Benoît que nous avons vu poindre les premiers
germes du théâtre scolastique, c'est dans le même collège
que, cent ans environ plus tard, après un silence d'un
siècle, nous retrouvons installée Melpomène.

Elle a pour interprète ou pour truchement un professeur
de ces vieilles écoles du Mans, Jean Portier qui, de 1619 à
1624, fit imprimer quatre de ses tragédies jouées par ses
élèves.

On a commencé dans ces derniers temps à connaître
Jean Portier, à qui l'histoire littéraire du Maine avait été
longtemps sans consacrer de notice ; bien qu'il ait passé
près de quarante-cinq ans au Mans, il peut dès lors à bon
droit être considéré comme un Manceau d'adoption.

Jean Portier était de Nevers ; de là le silence gardé sur son
compte par les écrivains du Maine qui, il est vrai, n'avaient
guère mieux traité Robert Garnier lui-même, bien qu'il fut
sorti des entrailles de la province. Sa vie était une page
laissée blanche dans l'histoire des lettres. Je viens enfin la
remplir, souhaitant qu'un autre fasse de même à l'égard de
Nicolas de Montreux.

Jean Portier, pauvre écolier de Nevers, avait été donné
pour compagnon d'études, ainsi qu'il le dit dans l'épitre
dédicatoire de sa tragédie de *Tennès*, à Messire Antoine

Tenon, qui devint plus tard baron de la Guerche et conseiller au parlement de Paris. Le précepteur du futur magistrat avait accolé le jeune nivernais à son élève, pour lui rendre l'étude moins pénible et stimuler son émulation :

Asseclam primum adjunxit ludique sodalem (1).

En dédiant une de ses tragédies à l'ancien compagnon de ses études et de ses jeux, au magistrat assis sur les fleurs de lys, l'humble régent de collège, « le pauvre prêtre », qui se plaint de l'ingrate fortune, lui rappelle avec bonheur leur camaraderie d'autrefois, à l'heure de cette première jeunesse où la communauté des jeux efface la distinction des rangs. Il réveille ces souvenirs d'enfance, avec autant de tact que de grâce, dans des vers qui valent mieux que toutes ses tragédies, parce qu'on y sent battre son cœur, et qui percent à travers une émotion sincère, trop souvent absente de ses tirades boursouflées. Jean Portier arrête sa pensée sur ses anciens compagnons déjà morts ou que son absence de la terre natale a éloignés de lui :

« *Nam quot ego memini comites mihi ! nam quot amicos,*
Cum schola me quondam retinebat ! quos modo vel mors
Vel mihi surripuit longinquæ absentia terræ..........
Innumeros paritas studii mihi junxerat olim,
Cum tua Niverni literaria xista colebam,
Quos modo disparitas a me disjunxit honoris. »

Le pauvre étudiant de Nevers, entré dans les Ordres, devenu prêtre, vint se fixer au Mans, comme régent des

(1) Voir la préface de la tragédie de *Tennès* dédiée *ad amplissimum et aequissimum Dominum N. Antonium Tenon, Baronem de la Guerche, in supremo Regis Christianissimi Senatu consiliarium et ejusdem ad eundem carmen,* 1624. Au Mans, chez la veuve de F. Olivier, imp. du roi, 137 p.

écoles de Saint-Benoît, vers 1614. Avec lui se trouvait son compatriote, Jacques Marsault, qui devint bientôt principal de ce collège. Jacques Portier professait la rhétorique ; il était de plus pourvu de la cure de Bouère. Le Mans fut pour lui le port, il y passa les dernières années de sa vie (1).

C'est sur le théâtre improvisé chaque année pour les distributions de prix qu'il fit représenter ses tragédies avant de les faire imprimer. En tête des *Fureurs d'Athamas*, qui furent imprimées seulement en 1621, la dédicace adressée à Messire François Le Peletier, conseiller au Parlement de Paris, doyen du chapitre de Saint-Julien du Mans, donne la preuve que cette œuvre avait eu les honneurs de la représentation en public. Le poète rappelle au doyen du chapitre le succès qu'a obtenu sa tragédie lorsqu'elle a été jouée naguères sur le théâtre de Saint-Benoît :

« Menstrua completis germano sidere tœdis,
   Bis lustra percurrit decem,
Bis toties posuit quidquid de fratre micabat
   Instante fratre Delia,
Quum BENEDICTINO (memor est mea musa) *theatro*
   Prodente facinus impium
In que suos patrem natos Athamanta cruentis
   Cnide furentem viribus,
Non humilis tragicæ illuxit præsentia scenæ (2).

Les anciens élèves de Portier constatent aussi le succès de leur cher professeur, *professoris quondam charissimi*, et lui donnent la preuve qu'ils sont devenus à son école de fervents disciples des Muses. On voit en tête de ses tragé-

(1) Cf. Desportes, *Bibliographie du Maine* et les notes biographiques qu'a données sur lui dans la *Revue du Maine*, 1886, surtout d'après les registres de l'état civil, M. Sébastien de la Bouillerie.

(2) Il est regrettable que nous n'ayons pas, quarante ans plus tôt, un témoignage analogue pour les tragédies de Garnier.

dies des vers de Rolland Chevé, Maurice Rigal, Étienne
Guelon, Jacques Aubert de Saint-Calais, Jean du Val, etc.

Ce dernier avait plus d'un genre de reconnaissance envers
son ancien maître car il lui dit :

> « Cum mihi perpetuam dederis propellex mortem
> Maxima Porteri debeo, et æqua dabo :
> Per te Letheis nam ut sum revocatus ab undis
> Per me es letheas nunquam aditurus aquas. »

Enfin le principal de Saint - Benoît lui-même, Jacques
Marsault, qui dirigeait le collège depuis 1618 et qui était
venu de Nevers au Mans en compagnie de Portier, a grand
soin de célébrer aussi lui-même le talent poétique de son
régent. On lit en tête de *Pantaegle*, parue en 1619 :

JACOBUS MARSAULT, BENEDICTINI
Cenomanensis gymnasiarchus , ad
IOANNEM PORTERIUM.

Forte per Elysios colles loca consita lauro
    Est inter tragicos rixa coorta gravis ;
Euripidem Sophocles objurgat et Œschylus ambos,
    Cur ad Melpomenen libera posta foret :
A se quisque probat sacraria clausa fuisse,
    Verba que sanguineis unguibus excipiunt :
Parcite Melpomene clamat, sit nullius error ;
    Ipse tibi apperuit limina PORTERIUS.

Le principal prouvait à la fois qu'il estimait le talent de
son régent et qu'il ne redoutait pas l'hyperbole.

Il est grand temps de parler des quatre tragédies de Jean
Portier. La première *Pantaegle*, imprimée en 1619, est
dédiée à l'évêque Charles de Beaumanoir qui fut l'unique

patron des poètes de son temps (1). Portier dit que ce sont les prémices de ses veilles, *lucubratiuncularum primitias*.

La seconde, *Les Fureurs d'Athamas*, fut imprimée en 1621, avec une dédicace au doyen de Saint-Julien (2). La troisième, *Arsinoe et Momus derisus seu Hebes connubium. Divestrum tragicomicum*, imprimée en 1624, chez la veuve de Fr. Olivier (189 p.), parut sous les auspices de Simon Marion, Baron de Druy, membre du conseil privé, président au Grand Conseil à qui le poète fait ce compliment galamment troussé pour un régent de collège :

« *Carmen amat quisquis carmine digna gerit.* »

J'ai déjà dit que la quatrième, *Tennès*, avait également paru en 1624 (3). Deux tragédies imprimées dans la même année, c'était ce qu'on pouvait appeler une audace féconde et même de la témérité ! Le pauvre poète ne fut sans doute guère bien payé de sa peine ni de ses dédicaces ; car dès lors sa verve tragique se refroidit et demeura muette, bien qu'il soit resté encore plus de vingt ans à enseigner les humanités à Saint-Benoît, on ne trouve plus trace d'autres tragédies ; *Tennès* fut pour lui le chant du cygne.

Jean Portier dans ses œuvres s'est lancé en plein dans les fureurs tragiques. *Pantaegle* inspirée des souvenirs de Virginie et de Lucrèce et aussi de Pyrame et Thisbé est un drame sanglant (l'auteur dit lui-même : *personæ dramatis*), avec accompagnement de poignard, de suicide et de la furie *Alecto*. *Pantaegle* se tue devant l'autel de Diane pour échapper aux poursuites du prêteur Géraste qu'elle déteste, et qu'elle feint de consentir à épouser. A ce spectacle,

---

(1) 200 p. in-8°, Cenomanis, apud Franciscum Olivier, typographum regium.

(2) Apud eumdem, 124 p.

(3) Le recueil comprend donc quatre parties et non six comme le dit Brunet, qui imprime aussi à tort *Trennès*.

Eromédon, son fiancé, se tue avec le même poignard et tombe mort sur le cadavre de son amante.

Pour corriger l'effet de ces sombres fureurs, rasséréner l'esprit de ses auditeurs et éviter leurs baillements l'auteur a introduit à la fin de ses cinq actes, des intermèdes joués (ou chantés avec accompagnement de musique) par les divinités de l'Olympe, et il a appelé Diane, Cupidon, Vénus, Junon, Bacchus, Pallas, etc., à corriger par leur présence et leur devis plus joyeux les sanglantes horreurs de son drame.

Avec les *Fureurs* ou la *folie d'Athamas* nous sommes en pleine mythologie, comme avec les Fureurs d'Hercule. Des morts, des massacres, des suicides d'une mère avec son fils, non plus cette fois par le poignard, il faut bien varier les plaisirs, mais par immersion dans la mer. Voilà cette œuvre tragique qui n'est pas agrémentée comme l'autre par des intermèdes dialogués mais seulement par la mélopée du chœur de l'ancienne tragédie grecque.

Les *Noces d'Hébé* ou *Momus bafoué* forment au contraire un plaisant intermède (divestrum tragicomicum) et reposent des malheurs d'*Arsinoe* et de sa famille, empruntés à l'histoire des rois de Macédoine. Le quatrième drame *Tennès* plus réaliste que les autres, et qui se ressent de l'excessive liberté du théâtre d'alors, repose sur une donnée un peu corsée pour une tragédie de collège, bien que, il est vrai, le crime y reçoive un sévère mais juste châtiment. Il nous montre le roi Tennès, qu'on pourrait appeler le Brutus de la morale, faisant mettre à mort son propre fils coupable de conversation criminelle avec la jeune Andriphile à qui la torture seule a pu arracher le nom de celui qu'elle aimait.

« Unus amor binos junxit, disjunxit eos mors,
Quos habet hoc junctos carmine mors et amor. »

On croirait presque lire un distique en l'honneur d'Héloïse et d'Abélard.

C'est assez, sinon trop parler du canevas tragique du régent de Saint-Benoît, qui s'il eut écrit en français pourrait rivaliser avec peut-être Crébillon.

Ces quatre tragédies, je n'ai pas besoin de le dire, sont en cinq actes et en latin. La langue latine était le *patrius sermo* des écoles et la seule langue autorisée pour elles ; Jean Portier n'avait garde de faire des infidélités à l'*alma parens* et de paraître déroger en y renonçant. Il a soin de le dire dans sa préface des *Fureurs d'Athamas*, en expliquant pourquoi, malgré certaines réclamations, il continue à faire parler Melpomène en latin. Il donne à cet égard de bien curieuses explications. S'il s'exprime en cette langue, c'est non-seulement parce qu'un professeur, *in latino agro publice laborans*, ne peut donner lui-même l'exemple de la désertion en semblant renier sa mère (1), mais c'est surtout parce qu'il croirait faire injure aux habitants lettrés du Mans, en employant un autre langage. S'il parle latin c'est pour leur faire plaisir et être plus facilement compris par eux. Voici en effet sa principale raison : (je lui laisse la parole pour qu'on n'accuse pas ma traduction de perfidie) « *ea sane est, quod ipso, polissimæ civitati, in qua difficile sit enumerare quot viri, quanta que in suis literis varietate et copia versentur, injuriam factum iri arbitratus sim, si in ejus ludo literario tragicum hoc munus in theatro gallice dedissem, quasi cives literatissimi tantam ex poesi latina, quantam ex gallica voluptatem percipere non potuissent, ne potius maluissent.* »

C'est flatteur pour les Manceaux d'alors et je souhaite qu'on puisse encore en dire autant de ceux d'aujourd'hui.

---

(1) Jacques Pelletier, du Mans, dans la deuxième moitié du XVIe siècle n'employa à la fin de sa vie que le latin dans ses ouvrages de mathématiques et de géométrie, ses rivaux ayant cherché dit-on à tirer avantage contre lui de l'usage qu'il avait fait d'abord de la langue maternelle et l'accusant de dégrader la science et de chercher des succès faciles en voulant plaire aux ignorants.

Cependant à part les magistrats, les avocats et autres gens
de robe, les médecins, les gens d'église, tous il est vrai
bien plus nombreux que de nos jours, dans cette ville dù
Mans, qu'il nous donne comme une petite Rome ou une
nouvelle Athènes, où le vieux régent trouvait-il des auditeurs en état de bien comprendre toute son œuvre et surtout
de s'y intéresser? Comptait-il aussi sur des femmes savantes
à l'exemple de Françoise Hubert, la femme de Robert
Garnier, ou bien se préoccupait-il peu du public féminin?

Portier nous a révélé ses goûts et son but; il nous a
édifié, plus qu'il ne l'aurait peut-être désiré, sur le nombre
de ses spectateurs intelligents, en répétant sans cesse qu'il
préfère les suffrages et les applaudissements de quelques
lettrés à ceux de l'ignare multitude, *rudis et imperite multi-
tudinis*. Il écrit pour un cénacle et non pour le grand
public, et il a dit, plus d'une fois même, avant Boileau,
qu'il aimait mieux l'approbation d'un seul savant que celle
de la foule ignorante. Il pense en latin ce qu'un esprit de la
même trempe écrivait en vers français au XVII° siècle.

> « Ce n'est pas pour toy que j'escris,
> Indocte et stupide vulgaire,
> J'escris pour les nobles esprits,
> Je serois marry de te plaire. »

C'est un noble but, une belle ambition; mais, à suivre
cette voie, on rencontre rarement le renom et la fortune :
aussi le nom du pauvre régent est-il demeuré jusqu'à ce
jour dans une profonde obscurité.

Sa réputation ne franchit guère les murs de son collège
et les cabinets de quelques érudits de ses amis. Aussi
après la publication de ses quatre tragédies, s'y renferma-t-il
désormais, sans courir dorénavant les risques de l'impression. Il s'identifia si bien avec le collège Saint-Benoît, que ce

ne fut pas lui qui lui fit défaut, ce fut le collège qui vint à lui manquer.

Le 28 novembre 1649, mourait le principal Me Jacques Marsault, curé de l'église Saint-Hilaire, qui fut inhumé le lendemain dans cette église voisine du collège qu'il dirigeait depuis plus de trente ans et auquel l'établissement des Oratoriens au Mans en 1624 était pour ainsi dire venu donner le coup de grâce. Il ne laissait pas dans une bonne situation les affaires pécuniaires du collège ; ses créanciers obtinrent de la sénéchaussée, le 18 mars 1650, une sentence afin de procéder à l'inventaire des meubles et livres du collège, puis à leur vente. Les meubles, qui avaient été fournis au principal par les chanoines de Saint-Pierre-la-Cour, et dont Marsault leur avait donné reçu et s'était chargé par acte du 15 janvier 1618, devaient seuls être rendus en nature ou le prix à en provenir à leurs propriétaires. Le collège se trouvait sans meubles, l'Oratoire aspirait aussi depuis quelque temps à l'absorber ou à se l'annexer, l'évêque avait aussitôt donné au père de Moissey, supérieur de l'Oratoire, la prébende préceptoriale attachée jusque-là aux écoles de Saint-Benoît.

Jean Portier avait été nommé principal du collège par ses confrères de Saint-Pierre-la-Cour (il était aussi chanoine de cette église) : il recula devant cette lourde charge et se démit de la qualité de principal (1). Par acte du 13 décembre 1649, le supérieur de l'Oratoire, assisté des anciens de la maison, agissant envers Jean Portier comme ils avaient fait naguères envers Gauquelin l'ancien supérieur du séminaire, lui constitua une pension viagère de trois cents livres, payable par l'argentier de Saint-Julien sur les revenus de la prébende préceptoriale, en considération des bons services qu'il avait rendus pendant trente-cinq ans en

(1) M. Samson de l'Abbaye eut la témérité de prendre cette charge un instant pour s'en démettre bientôt après.

qualité de régent. Me Bondonnet de Parence servit de caution.

Malgré cette compensation, ce dut être une cruelle séparation pour le vieux prêtre de quitter l'humble collège où, pendant tant d'années, il avait initié la jeunesse mancelle au goût des belles-lettres (1). Il est vrai que, s'il ne recueillait pas la succession de Jacques Marsault en tant que principal, il lui succéda du moins en qualité de curé de Saint-Hilaire (2). On trouve dès lors de nombreux autographes de lui dans les registres de l'état civil de cette paroisse. Nombreux sont les actes de baptême, de mariage et de décès écrits et signés de sa main. Je me contenterai de citer un curieux acte de décès du 13 janvier 1651 mentionnant la mort et l'inhumation dans l'église d'une fille du nom de Dominique, native d'Esclavonie « proche les terres du Grand Turc », venue à Venise de là à Paris pour y être catéchisée, enfin amenée au Mans pour y faire profession de Christianisme. Six semaines avant sa mort le vieux curé écrivait encore de sa main tremblante les différents actes paroissiaux. Jusqu'à sa fin il resta fidèle au goût de la poésie latine et en 1658 il mettait encore une vingtaine de vers (3) en tête des *Illustrations et Remarques sur les Coutumes du Maine* que venait de publier l'avocat Julien Bodreau, qui comme lui était un amateur de vers

(1) La maison du collège de Saint-Benoît, rue de la Tannerie, cédée aux Oratoriens par les héritiers de Jean Dugué, le chapitre de Saint-Pierre-la-Cour et la ville en 1652, fut plus tard en 1658 échangée par eux contre le jeu de paume attenant à l'Oratoire. Le président Marest, Le Divin, Richer de Monthéard et Lechat de Boiscorbon consentirent à l'échange comme héritiers des Dugué. L'ancien collège de Saint-Benoît devint la demeure du président du présidial Marest dont la famille l'habitait encore au XVIIIe siècle.

(2) La cure avait toutefois été donnée en commende à Costar, nommé curé, 1er décembre 1649.

(3) Il les signe *Joan. Porterius Nivernas Sancti Hylarii intra menia Urbis Cenom. Rector.*

latins (1). Il y rappelait, ce qu'ont oublié plus d'un commen-
tateur, qu'un caprice du sort s'était plu à donner des apti-
tudes similaires, un triple talent analogue, à trois personnes
séparées par de bien légères différences de nom, ce qui
peut permettre de les confondre à leur détriment.

> Vestra hic res agitur *Broidæe, Brodæe, Bodræe,*
> Tres Themidis mystæ, lumina terna fori :
> Idem pene labos ut idem nomenque, (nec una
> Tanti est ut faciat littera dissidium)
> At non tanta trium paritas. . . . .

Il donne en finissant la palme à l'avocat Manceau, et ter-
mine par ce distique :

> Uni Cenomano non hæc, sed gloria toti
> Stat genti, caveas livor obesse tibi (2).

Le dimanche 29ᵉ jour de février 1660, s'éteignit vénérable
et discret Mᵉ Jean Portier. Le lendemain lundi 1ᵉʳ mars son
corps fut inhumé dans l'église au costé du grand autel où se
lit l'évangile. Il avait fondé à perpétuité un service de vigiles
et de grand'messe à célébrer, autant que faire se pourrait, le
jour anniversaire de son décès ; quatre prêtres devaient y
assister avec le curé, et chacun devait recevoir cinq sols.
Il avait voulu outre cela « que tous les dimanches de l'année
sur la fin du prosne de la messe soit dict à voix haulte :
Anima Johannis Porterii requiescat in pace ; puis sur la
fosse que l'on jette de l'eau bénite ».

(1) Voir dans l'*Annuaire de la Sarthe* de 1904, les *Mémoires* de
J. Bodreau et l'introduction dont je les ai accompagnés.
(2) Il composa aussi des leçons pour l'office du patron de sa paroisse
Saint-Hilaire d'Oizé. Elles ont été publiées avec des commentaires
du P. du Sollier dans les *Acta Sanctorum,* au 1ᵉʳ juillet, p. 39 à 42.
Voir D. Piolin, *Histoire de l'Église du Mans,* t. I, p. 74.

Que l'âme de Jean Portier repose en paix, ainsi que l'a demandé si chrétiennement le vieux prêtre, et qu'il me pardonne d'avoir un instant arrêté les regards des curieux sur des œuvres tragiques qu'il avait peut-être lui-même oubliées depuis longtemps, quand Dieu le rappela à lui quarante ans environ après qu'il avait commis ce qu'alors il appelait peut-être ses péchés de jeunesse !

C'est m'être arrêté longtemps sur Jean Portier : il le méritait bien cependant ; car avec Robert Garnier c'est, on peut le dire, le seul poète tragique qui ait séjourné au Mans, voire même dans la province, et dont nous ayons les œuvres ; car Pousset de Montauban et Roland Le Vayer de Boutigny lui-même, l'auteur de *Tarsis et Zélie*, bien que manceaux ont plutôt demeuré à Paris que dans leur province natale. Enfin c'est un des rares vestiges subsistant aujourd'hui de l'ancien théâtre de collège dans le Maine avant la Révolution. Maintenant nous n'allons plus trouver de tragédies imprimées, mais seulement des titres de pièces, des programmes et de simples affiches.

*
* *

Le collège Saint-Benoît disparu, celui de l'Oratoire était là pour le remplacer, et pour se conformer à la tradition des représentations dramatiques. Le séminaire du Mans fondé à l'extrême fin du XVIᵉ siècle et dont la direction avait été donnée en 1624 aux Oratoriens (1), ne nous a rien laissé et n'avait rien à nous léguer qui ait trait aux jeux scéniques (2).

(1) Les Oratoriens avaient pris la place des deux derniers principaux, Marquent et Gauquelin, dont le bail finissait le 1ᵉʳ octobre 1625.

(2) Ne pas confondre avec le collège du Mans à Paris qui a laissé également quelques produits littéraires restés dans l'oubli jusqu'ici ; je citerai entre autres de Pierre Crenier, *Pro Xeniis ad amicos epigrammatum libellus*. Paris, Denis Dupré, 1573, 16 feuillets.

Le séminaire du Mans ne nous a du reste légué presque aucun vestige de sa littérature pendant le quart de siècle de son existence qui précède la venue des Oratoriens. J'indiquerai seulement :

1º Une plaquette de cinq feuillets sans pagination, sans indication de lieu ni de date, contenant des vers signés R. GAREUS, dédiés « R. D. D. Claudio d'Angennes, Cenomanensium antistiti », célébrant son éloge, son appui contre l'hérésie avec cet anagramme *En dandus angelicus*, vers suivis d'autres *de Cenomanensis seminarii structura*, et d'un épigramme *ad dynastas seminarii collegas suos charissimos* que l'auteur invite à prendre sa défense contre les Zoiles. L'auteur dit à l'évêque : « *Ista hæc ego ut artificii tantum mei experimentum habeas in tuo seminario pro meis opibus condens mœnia, joco exaravi.* »

2º *Romanæ D. Petri apostolorum principis in vaticano Basilicæ panegyricus per Antonium Leroy Cenomanensem 1. V. licent. Cenomanis, apud Gervasium Olivier juxta ædem Divi Juliani M D CXXI. — Ex Seminario Cenomanensi postrid. non. febr.* in-4º de 23 p.

Il y a là d'assez curieux vers de collège, semés de trop de pointes il est vrai, et que M. Hauréau eut pu prendre la peine de lire, en traitant de ce personnage. L'auteur y célèbre sa patrie La Chapelle-du-Bois, sa famille qui a produit des rois *(reges)*, la ville voisine de La Ferté, soi-disant ainsi nommée de sa fertilité et que l'auteur aime autant que Rome.

Cum sis noster Amor, Roma beata mihi es.

Leroy n'est pas revenu satisfait du reste de son pélerinage de Rome, et il publie pour exhaler sa rancune et pour l'édification des futurs pélerins des vers fort piquants, où il dit que Rome actuelle est loin de ressembler à l'ancienne, qu'il faut la voir mais non l'habiter. La mauvaise foi des habitants, la faim et le reste sont à redouter, car il ajoute :

« Lætus adi, nec lentus abi, festinus iniquæ
Si genti tergum vestis amicus eris.....
Neve minore falax fugienda est fœmina cura
Ni caveas, hic est Sylla Charybdis ibi,
Astus ubi que latet, furit œstus cordis ubique
Est castus is, castus quisquis ibi moritur. »

L'auteur est du reste fort patriote, il compare Saint-Julien du Mans aux monuments de l'Italie ; ce pays ne peut se vanter au mépris de la France, dit-il, en finissant un sonnet :

Car France tu doibs de tout point surmonter,
Surmonter si tu peux la saincteté de Rome.

Antoine Leroy, licencié *in utroque jure*, fut aussi régent des humanités au collège de la Fromagerie à Angers, où il publia chez H. Ernault, en 1619, un recueil de distiques pieux *Pædagogia sacra* et de plus *Panegyrico satyricus Juliomagi Andium habitus, in aulà Formagerana*, in-4° de 8 fol. non pag. (Voir *Dictionnaire de Maine-et-Loire* de Célestin Port.)

3° Cenomania alginodia ad tumulum V. P. Mathæi Leheurt, 8 ff. in-8°, Cenomanis apud Gervasium Olivier, M D CXX. E seminario IV. id quintil, vers latins de Pierre Le Venier, dédiés à messire Antoine Portail, conseiller et procureur du roi au Mans.

Le collège séminaire du Mans, avant les Oratoriens, dura peu et laissa peu de souvenirs. Une exception doit être faite pour un de ses directeurs, Michel Aubourg, qui fut aussi curé de Marolles-les-Braults. Il a laissé des traces de son passage à la tête du collège par des donations, notamment par celle d'une maison destinée aux écoles, qui a subsisté

jusqu'à ce jour et qui vient dernièrement de disparaître (1).
M. Aubourg fit aussi des dons importants au collège du
Mans (18 novembre 1596), notamment celui de la Saulnerie,
en Courcemont, d'autres encore le *20 février 1602*. Il mourut le *18 janvier 1606*. C'est le seul principal dont le nom
soit connu. On ne connaît guère Houdayer, d'abord curé
de Saint-Nicolas, chargé ensuite du gouvernement du séminaire, mort supérieur à 57 ans, le 28 novembre 1619. On
ne connaît pas davantage MM. Marquent et Gauquelin, qui
furent les derniers principaux.

Le collège séminaire du Mans n'avait guère été dirigé
pendant vingt-cinq ans que par des prêtres séculiers,
lorsqu'à ses directeurs succédèrent en 1624 les prêtres
de l'Oratoire, qui avaient même failli être précédés par les
Jésuites.

On ne s'est pas beaucoup préoccupé jusqu'à ce jour
d'une histoire littéraire du collège de l'Oratoire du Mans.
Cette œuvre eut dû tenter d'anciens élèves du P. Moissenet,
tels que M. Edom, l'abbé Lecomte et d'autres encore que
je pourrais citer. Il y aurait des études intéressantes à faire
sur le fondateur, sur une foule de membres, sur le Père
Moissenet enfin qui fut principal du collège sous le premier
Empire et sous la Restauration et permit à l'Oratoire de se
survivre, pour ainsi dire au Mans jusqu'à la veille de la fin
du premier tiers du XIXe siècle. Toutefois je n'ai pas à faire
ici l'histoire littéraire du collège de l'Oratoire au Mans (2).
C'est à l'histoire de son théâtre que je veux me tenir.

(1) Voir *Une maison historique à Marolles, Journal de Mamers*,
2 mars 1905.

(2) Sur le collège de l'Oratoire voir le *Collège des Oratoriens au
Mans, Revue de l'enseignement secondaire*, no du 1er juillet 1895, p. 507.
« On y voit que les élèves n'étaient pas parfois fort commodes. Les
élèves d'humanités, les rhétoriciens, à qui le préfet avait refusé l'attes-
tation de l'examen de rhétorique pour cas d'indiscipline, mirent alors
l'épée à la main pour le contraindre à le leur donner quand même. »
M. Rebut, M. Bellée, *Annuaire de la Sarthe*, les divers *Palmarès* publiés

Jusqu'à présent on n'a jamais guère étudié cette littérature des Oratoriens, qui même à cette époque au Mans a laissé des vestiges, je n'en citerai comme preuve que le livre si peu connu d'André de Clercq, qui fut Oratorien dans cette ville, après l'avoir été à Vendôme : *Andræa de Clercq Sylvarum libri II cum miscellaneorum libro singulari*, Vendocini ex typ. Sebastiani Hyp, 1637, petit in-8°.

En tête de ses vers on en trouve d'autres qui lui sont adressés par une quinzaine d'Oratoriens ses confrères parmi lesquels je remarque ceux de Pierre de Moissey, Léonard Ferry, etc., Oratoriens du Mans (1). Différentes pièces de de Clercq ont trait au Maine, telle que *Genius Cenomanus intactam fore à peste civitatem divi Coroli [Borromei] auxilio spondet,* et d'autres dédiées comme étrennes *(Xenia)*

depuis ; Archives départementales, D. 27 et surtout les anciens registres qui sont au Lycée du Mans au nombre de huit et qui contiennent l'histoire du collège. Le 1er va de 1664 à 1669.

Le second jusqu'à 1678.

Le troisième de 1677 à 1685.

Le quatrième de 1686 à 1693. (Parmi les noms des professeurs de cinquième en 1688 figure le Père de Verthamont.)

Le cinquième de 1692 à 1708, contenant le nom des professeurs et les règlements des classes.

Le sixième allant de 1709 à 1711 dont l'intérêt commence à être plus grand, car il contient la liste des pièces et des documents sur les élèves et les professeurs.

Le septième de 1752 à 1780.

Le huitième de 1781 à 1791, qui est peut-être le plus intéressant de tous.

A ces registres il faut joindre les collections des cahiers des élèves de l'Oratoire. Je ne sais s'il en existe une autre que la mienne. Elle va depuis 1650 jusqu'à la fin du collège.

Voir encore M. Rebut, *Histoire du Lycée du Mans,* in-8° 1895, Congrès des Sociétés savantes, et *Bulletin de la Société d'Agriculture de la Sarthe,* et les curieux Palmarès du Lycée du Mans depuis 1897, rédigés d'abord par M. Coquet, censeur, puis par feu M. Dejault-Martinière, qui contiennent de précieux renseignements sur l'ancien collège de l'Oratoire du Mans, et sur les différents établissements scolaires qui lui ont succédé.

(1) Il est probable que la plupart des autres confrères qui lui adressèrent de leurs vers sont aussi du Mans ou de Vendôme et d'Angers.

à l'évêque du Mans, au doyen, au chapitre de Saint-Julien, au présidial. On retrouve aussi dans ce volume les vers « *Ad seraphicos martyres in Japponiam iter arripientes Christo crucifixo animas lucrifacturos, idolorum simulachra devicturos* », qui avaient été écrits pour figurer en tête des *Martyrs du Japon* de François d'Orléans.

Il n'y a malheureusement aucune pièce, ni argument de pièce dramatique dans le recueil poétique du Père de Clercq (1).

Les premiers vestiges du théâtre de l'Oratoire au Mans sont lents à se montrer. Il y eut cependant de bonne heure des exercices littéraires en public, ainsi que le prouve la pièce suivante imprimée en 1626 :

HUMANÆ VITÆ METHODUS.

INFELICITATIS ILIAS.

GYMNASIIS LUDEBAT CENOMANENSIBUS.

ORATOR ORATORII (2).

« *Pietatis et scientiæ candidatis adolescentibus a Cenom. seminario felicitas.* — *Vale juventus et hoc æmulare* » dit l'auteur du prologue en finissant. Cette plaquette contient le thème de neuf *élégies* qui peuvent être curieuses à étudier, mais ne sont pas de véritables œuvres dramatiques.

Il faut attendre jusqu'à 1648 pour avoir une preuve formelle des représentations scéniques.

(1) On peut en dire la même chose de celui de l'Oratorien de Vendôme, Jacques Moireau, *Poemata*, 1663. Paris, Pierre Le Petit, in-12, qui cependant renferme quelques poésies récitées en de solennelles représentations, telles que : *Otho Victus et de Supremis cogitans in Andino collegio dictus* ; *Conradinus, in collegio Segusiaco dictus anno 1650.* Un autre ouvrage poétique de Moireau *Pygmæidos libri VII seu pœtica classica juventutis pœgnia*, petit in-12, Vendôme, 1676, est un livre à l'usage des classes.

(2) Venalia proposiit Gervasius Olivier, ad divi Juliani ædem Typographus, M D XXVI. Avec l'écusson de l'Oratoire, entouré non pas d'une couronne d'épines, mais de rinceaux de vigne, 31 p. in-8°.

Cette année les Pères de l'Oratoire prient Messieurs du Chapitre de Saint-Julien d'avoir pour agréable que leurs élèves leur dédient une tragédie du *Martyre de Saint-Georges*. Le Chapitre agrée cette dédicace et accepte le 17 août l'invitation d'assister à la représentation qui doit avoir lieu dans la grande salle de l'évêché.

Les représentations se poursuivent dès lors, on en a plus d'une preuve, mais à l'état latent. On lit sur un Pindare de la Bibliothèque du Mans (n° 3242), *Ego infra scriptus collegii Cenomanensis præfectus testor ingenuum adolescentem Franciscum de Vanssay in secunda classe primum Græcæ premium*, POST TRAGŒDIARUM SOLEMNIA, *publico consequatum fuisse, decimo quinto kalendas septembris 1659.*

MASSON (1).

Le 28 mai 1666, on voit les Pères de l'Oratoire dédier au Conseil de ville une tragédie de leur composition, et l'inviter à venir la voir jouer par leurs écoliers. Les membres de l'Hôtel de ville se rendirent à cette invitation. Le collège qui avait été construit de 1649 à 1656 n'avait plus besoin de demander l'hospitalité à l'évêché. En 1687 il s'agrandit encore d'un nouveau bâtiment. Le 19 juillet 1691, les Pères s'obligèrent à donner à l'avenir un banc d'au moins dix places pour Messieurs de la ville dans toutes les solennités publiques et cela dans un lieu honorable et convenable.

(1) Les premiers prix alors dans les premières classes étaient des in-f°, les seconds des in-4°. Dans les autres c'étaient des in-4° et des in-8°. Le même écolier ne pouvait avoir qu'un prix de composition, quand même il en eut mérité davantage. (Usages de l'Oratoire en 1692, ms. du Mans). L'élève qui était gratifié *hoc purpurato libro in theatro publico*, comme on lit le plus souvent, pouvait en ressentir une bien légitime fierté. J'ai vu encore conservée, dans quelques familles, toute une série de ces beaux livres, sur lesquels les mains se promènent avec délices, donnés comme prix, *strictæ Orationis, solutæ et græcæ Orationis*, etc., dans les premières années du XVIII° siècle ; je citerai un Virgile in-f°, les Poètes latins de la décadence, *Symbolarum libri XVIII*. Lyon, 1684.

On ne peut douter que ce ne fut un usage quasi permanent à l'Oratoire du Mans, comme dans les autres collèges de cette congrégation (1). C'est là l'époque où le théâtre fut le plus en honneur et où toutes les classes de la société, même le clergé, montrèrent le plus de tolérance à son égard.

Il y avait certes des poètes parmi les professeurs du Mans, et l'on rencontre en tête d'œuvres mancelles du temps — celles de l'avocat Trouillard ou celles du gardien des Cordeliers, François d'Orléans, — quelques vers des Pères Léonard Ferry, André de Clercq, etc. (2).

(1) Voir sur les procédés de l'enseignement de l'Oratoire l'*Oratoire de France* du P. Renaud, 1866, in-12, l'*Histoire du collège de Juilly* de M. Ch. Hamel, 1868, in-8°, Douniol, et les différentes études sur les Pères de Bérulle, de Condren, de Bourgoing, etc.

(2) Il serait curieux d'établir la bibliographie des livres que les Oratoriens du Mans firent imprimer dans cette ville. Je citerai à côté des ouvrages classiques, tels que le *Despautère* et les *Apophthegmes choisis* d'Erasme *(in gratiam studiosœ juventutis collegii Cenomanensis)*, la 2e édition de la *Description et Histoire de l'État et couronne de Suède*, par Étienne Gault, prêtre de l'Oratoire de Jésus, imprimée au Mans en 1656, chez Hiérôme Olivier (catalogue Taschereau). — J'indiquerai encore un petit volume rare de ma bibliothèque : *Latini Pacati drepani Panegyricus, Theodosio Augusto imperatori Romœ dictus, ad usum collegiorum Congregationis Oratorii D. Jesu. Cenomanis, Apud Hieronimum Olivier, typographum juxta Ædem D. Juliani* 1653, in-16, 86 pages. — Les productions imprimées de l'Oratoire les plus nombreuses au XVIIIe siècle ce sont les thèses. Je citerai une des premières *Universae philosophiae theoremata, Deo duce et favente beata Virgine propugnaturus, sedebit M. Lesperon Lucciensis in collegio Cenomanensi P. P. Oratorii Domini Jesu (Die 13 julii anno 1655, hora post meridiem 2, Cenomanensis, Olivier,* 1655, 12 p. in-4°). On trouve au bas de ces thèses des noms connus : Le Chevalier de Courtalvert de Pezé (1694), René Chevalier de la Chicaudière (1695), Pierre-Louis Poisson des Touches (1745), Charles-Joseph Moynerie (1759), Pierre Pasquier (1759), Jean-Baptiste-François-Flor. Rigault de Beauvais de La Ferté (1765). Il ne faut pas confondre ces ouvrages avec d'autres thèses qu'on trouve imprimées chez Jacques Ysambart, par exemple celles des Bénédictins de la Compagnie de Saint-Maur (1766).

Il y aurait aussi une étude curieuse à faire sur les professeurs de l'Oratoire. On a dès cette époque les noms des supérieurs, visiteurs,

Dans un registre du collège de l'Oratoire du Mans, rédigé à la fin de 1692, on trouve quelques renseignements relatifs aux solennités littéraires et dramatiques de la maison. Ces usages avaient pour but de stimuler l'amour-propre et l'émulation des élèves et leur donner l'habitude de parler en public :

« Le mercredi avant la Quinquagésime, on fait déclamer ou un poème ou un senatus-consulte dans la salle, l'après midy, et toutes les classes vacquent. L'année des énigmes c'est le régent de rhétorique qui fait l'un ou l'autre, et l'année des prix, c'est le régent de seconde.

On fait tous les ans une pièce de théâtre ou des énigmes alternativement. L'année où il n'y a point d'énigmes, on distribue des prix........ On distribue quelques prix aux acteurs (1).

On a retardé l'énigme du régent de quatrième et les *Affiches* pour de bonnes raisons. Le régent de rhétorique fait son énigme le 1er et seul, le régent de 4e l'explique le 1er avant les externes. Les régens de 2e et 3ᵒ font leurs énigmes le même jour et le régent de 5ᵒ explique celle de 2ᵒ et le régent de 6ᵒ celle de 3ᵒ.

Les jours de tragédie, drames et énigmes, on entre en classe le matin quand il y a déclamation en rhétorique, les seconds seuls y assistent et quand il y en a en seconde les rhétoriciens seuls y assistent. On avance ordinairement les

prédicateurs ; on sait, par exemple, que *Nicolas Hameau*, supérieur de l'Oratoire, confessa Costar à la veille de sa mort et qu'il était « un homme de piété et de beaucoup de lumières », prêchant l'Avent en 1661, le Carême en 1662. On sait aussi que le P. *Jules Mascaron* prêcha en 1661 et l'Avent en 1666. Mais ce n'est qu'à partir de la fin du XVIIᵉ siècle qu'on trouve les noms des professeurs de chaque classe inscrits en tête de ceux de leurs élèves dans les anciens registres du collège de l'Oratoire.

(1) C'était, on le sait, une récompense de jouer ; il fallait mériter d'être de la tragédie. Cf. Chappuzeau, *Le Théâtre français*, édition Ed. Fournier, Bruxelles, 1867, p. 138.

vacances de 4 jours après les énigmes et de 6 après la distribution des prix. »

Qu'étaient ces énigmes qu'on jouait aussi en public au collège des Oratoriens d'Angers? « Probablement quelque chose d'analogue à nos charades en action », se borne à dire l'un des historiens de l'Oratoire en Anjou, M. Dumont, qui ne se met pas davantage en quête de deviner l'énigme qui nous est aussi léguée à nous-même, et se contente de cette présomption qui n'eut peut-être pas satisfait le sphinx antique (1).

Plus heureux que lui, je puis donner sur les représentations théâtrales du collège de l'Oratoire du Mans, et sur ces énigmes de collège, de curieux renseignements extraits de mémoires inédits du XVIIᵉ siècle, et une de ces affiches d'énigmes dont on indique le retranchement et la suppression en 1692.

Ces renseignements sont tirés des mémoires manuscrits, introuvables aujourd'hui et dont j'ai déjà parlé ailleurs (2), de Jacques Bougard, avocat au présidial, né au Mans, le 26 mai 1657, et fils de Charles Bougard apothicaire rue Marchande et rue Bourgeoise, et échevin en 1666. C'est une bonne fortune pour moi de pouvoir citer cet extrait dû à l'obligeance de l'ancien possesseur du manuscrit feu M. Anjubault, dont j'ai été le collaborateur dans les dernières années de sa vie.

Bougard rapportait qu'il avait suivi les cours de l'Oratoire. Il y avait, disait-il, 125 élèves dans sa classe. Il commença par être le dernier en composition, puis il devint *empereur*

(1) Voir *Mémoires de la Société académique de Maine-et-Loire*, t. XV et XVI, 1864, p. 86 et suiv., *L'Oratoire et le Cartésianisme en Anjou*. M. Dumont au sujet de ces solennités scolastiques d'Angers se borne à indiquer deux tragédies sans leurs titres en 1689 et 1701 et une énigme en 1694.

(2) Voir ce que j'en dis dans l'étude sur la *Littérature de Mémoires dans le Maine*, que j'ai placée en tête des *Mémoires* de J. Bodreau (*Annuaire de la Sarthe, 1904*).

après une réclamation adressée par lui au professeur. Il en arriva même à rédiger des cahiers de rhétorique du professeur.

« Je montai insigne en seconde, dit Jacques Bougard, au mois d'octobre 1670, sous le Père Petot, Orléanais. Il me mit d'une tragédie intitulée : *Soliman et Roxelane*. Je fis le personnage de cette dernière, qui était impératrice, au mois de février 1671. Elle était dédiée à Messieurs du Présidial. Mademoiselle Robelot, qui depuis a été mariée au sieur Lambert, et Mademoiselle Martin, qui avait épousé en premières noces M⁰ Bourrée, lieutenant à la prévosté, et depuis le sieur Dubourg, m'habillèrent superbement. Mon père étant venu dans la salle du séminaire me demanda où était son fils..... On me dit que j'avais bien réussi dans la déclamation.

» En 1672, à la fin de ma rhétorique, j'expliquai deux énigmes, proposées au tableau à l'Oratoire, suivant l'usage. L'une sur le *Serpent ;* c'était le martyr de saint Ignace déchiré par des lions. L'autre sur la *Foudre*, représentée par la sépulture du Seigneur dans le tombeau......

» Mon père me mit à la pratique chez M⁰ Ronsard. Je faisais sortir les clercs pour jouer et pour boire. Je ne laissais pas d'étudier quelquefois, car j'expliquai à l'Oratoire dans cette même année 1676, les 22 et 23 août, deux énigmes : l'une sur le *Soleil*, représentée par le père Lejeune, aveugle, mais un des plus éclairés de la Congrégation ; le soleil, ne voyant pas éclaire néanmoins tout le monde. L'autre sur le *Soleil naissant*, sous la figure du roi ayant le pied sur la sphère du globe.

» Dans l'année 1678, au mois d'août, j'expliquai quatre énigmes. La première sur l'*Écho*..... »

Là s'arrête malheureusement la communication de M. Anjubault. Mais, tout écourtée qu'elle est, cette page n'est-elle pas comme une échappée de vue sur les mœurs provinciales du XVIIᵉ siècle, encore trop peu connues. Sans

GEMINOS SAPIENTIAE TRIUMPHOS

SEU

SISARAM BIS TRIUMPHATUM

ŒNIGMA DABUNT IN THEATRUM

SELECTI TERTIANI CENOMANENSES

Io Triumphi !

VIRI CENOMANENSES.

Novus triumphus novam triumphis vestris materiem suppeditur.
Œnigmata iterum proponuntur animos iterum accute !
Triplex tabella, triplex involvit mysterium, triplex œnigma triplicem postulat sagacitatem
Neque Græcam adeo solvenda invidemus, ubi vestram vidimus abundare.
SISARA vel triumphatus, triumphos iterum meditatur ; debellatus bella rursum movet :
At quàm bella ! quibus pugnatur non armis, sed animis ; non ferri acie, sed ingenii acumine.
Non, ut solet, ingenium oppressit galea.
Ingenii perinde ac ferri acie bonus, quam Judœis Martiam non potuit, Appolineam vobis præripere palmam decertat.
Futurus, ut putat felicior calami quam gladii, animorum quam armorum certamine.
A JAHELE triumphatus, animos triumphaturus in arenam iterum descendit ;
Sed laudes prœbet, non habet ; triumphos parat, non reparat ; palmas offert, non refert.
Exanimem tabella exhibet, *Nimium ne crede colori,* animos videtur posuisse ut insidietur securius
Anguis in herbâ.
Latet mysterium, non jacet.
Monstrum est, nihil tamen habet quod horreas :
Sub monstro latere monstrum putas, imo latet omni monstro fortior prudentia.
Lacte pascitur ut lactet suavius, latere cernitur ut pateat illustrius, videtur jacere ut altius resurgat.
Novus Proteus novas induit formas.
Stupes cum BARACH heroïcam in muliere fortitudinem, veritatem in mendacio latentem magis stupe.
Fortis mulier dum Mysterium aperit, tenebras parit ; dum tyranni unius caput contegit, alterum operit.
Suis nuper veritas relata mysteriis,   perspici vix potuit, quid jam protecta mendacio ?
Ubi lateat tutiùs quam ubi nunquam reperitur ?
Margarita in sterquilinio.
Tantum habet securitatis et gloriæ sese interdum demittere, et facili præsidio latet qui, magnus cum sit, seipse abjicit.
Quis jam non cœcutiat, cum fallendis animis mendacium et veritas concordi discordiâ conjunguntur.
Sphinx profecto nova novas postulat Œdipodas ; Labyrinthus alter Dædalum alterum.
Hujus inextricabiles errores formidas Theseus alter, habes in JAHELE Ariadnem alteram quæ intricatum recte expediat.
In quærendâ veritate tenebras horres ? facem præfert ; naufragium times ? clavum tenet.
Securus igitur sequere ducem sapientissimam, ecce aperuit viam.
Novum Gordium ut Alexander ferro ne elude, sed Œnigmaticum ut Abdemon verbo solve,
Suos ut Mars ita Apollo habet heroas.
Dabit scilicet scena HIRAM Tyrorum Regem SALOMONIS œnigmata solventem.
Dignum regibus certamen ! quod pacem fovet ut fovetur pace.
Bella belluas deceant, à quibus prodierunt ; ingenios ingeniorum exercent certamina, quibus nati sunt.
Nobilis Palœstra ! quæ non personat cadentium planctu, sed canentium plausu : ubique præferens insignia lœtitiæ non lethi.
Luctum cantu, tibiam tuba, Apolline Martem mutat ; infensos animos ponit ut amicos induat.
Fœlix victoria ! quæ sociat non sauciat, vincit ut animos vinciat, amantium in amorem redente grante.
Lauream vero auream ! quam non fortuna parit, ut interdum ; non aliena virtus metit, ut sœpe ; non hostis deserit, ut semper :
Sed suo tantum ingenio debet victor quod singulare.
Adeste igitur et regio vobis immiscete certamini,

VIRI CENOMANENSES

Et dum intrabimini SISARAM iterum triumphatum in TABELLA, in scenâ, triumphantem HIRAM coronate.

SCENA EST TYRI *Ex Josepho antiq. Jud. l. 3, c. 7.*

ACTORUM NOMINA ET PERSONÆ.

Proloquentur
Carolus Le Bourdays, Cenomanus et Henricus Franciscus Neveu, Cenomanus.

Hiram Tiriorum, Rex.	Joab Salomonis Judœorum regis legatus.
Carolus Caillau d'Eporcé, Cenom.	Carolus Le Bourdays, Cenom.
Baloterus filius Hiram natu major.	Abdalus filius Hiram natu minor.
Henricus Franciscus Neveu, Cenom.	Renatus Chevalier de la Chicaudière, Cenom.
Sicharbas Tyri præfectus.	Valerius Regiæ cohortis prætor.
Josephus Flottey, Bellom.	Ægidius Bouillard.

Abdemon œnigmatum interpres Julianvs. Gaignot, Cenom.

In aulâ Collegii Sem. Cenom. Presbyt. Congr. Orat. D. t. hora de meridie prima die 6 septembris 1690.

doute elle ne vaut pas les piquants renseignements que Charles Sorel donne sur les représentations des théâtres de collège, soit dans le quatrième livre de *Francion*, soit dans sa *Maison de jeux* (1). Elle a cependant son mérite et comme une saveur de terroir. J'espère que les curieux auront autant de plaisir à la lire que j'en ai eu à la citer et qu'ils me pardonneront en sa faveur ce long coup d'œil rétrospectif sur les amusements de nos pères au collège.

A l'appui de ce que dit Jacques Bougard sur les énigmes proposées en tableaux qu'il fut assez heureux pour expliquer, je puis reproduire ici un de ces tableaux ou affiches du collège de l'Oratoire du Mans (1690).

C'est un grand placard in-folio, portant, gravé en tête, l'écusson de l'Oratoire tenu par deux anges ayant une palme en main et un genou en terre. Nous en donnons ci-contre la reproduction.

Désormais chacun sera à même de se prononcer sur pièces et d'aiguiser son esprit en allant à la découverte du secret de la véritable interprétation de cette énigme (2). Avis aux Œdipes du collége et puissent-ils être aussi heureux que Jacques Bougard qui savait si bien expliquer celles de son temps !

*
* *

Avec le XVIIIe siècle les renseignements sur les représentations théâtrales de l'Oratoire deviennent plus nom-

---

(1) Cf. Sorel, édition Delahaye, p. 139-142. Voir Fournel, *Curiosités théâtrales,* p. 78.

(2) L'intendant Foucault nous parle dans ses *Mémoires,* de représentations d'Enigmes jouées en sa présence, en 1687, Hercule sortant des enfers et traînant Cerbère enchaîné ; et une autre, Amphion jouant du luth et faisant remuer des arbres. *Mémoires* de Foucault, p. 196 et 227.

breux, mais se bornent, ainsi que je l'ai déjà dit, aux affiches ou programmes indiquant le canevas de la pièce, son analyse *(argumentum)* et le nom des acteurs. Il ne nous est parvenu, que je sache, aucun des manuscrits originaux des professeurs, ni aucune des copies des écoliers (1). Je serai bref dans les indications de pièces du XVIII° siècle. On ne saurait être complet du reste et pas ennuyeux qu'à condition de se borner à une simple énumération ; pour la faire exacte, et arriver à réunir les affiches de chaque année, il faudrait mettre en commun le bilan de bien des collectionneurs. Je me contenterai de révéler aux autres ce que je connais à l'heure qu'il est.

En 1701 le 31 août, à 2 heures, représentation d'une tragédie empruntée tout entière aux souvenirs de Virgile et de l'*Énéide*. Enée après la chute de Troie, a débarqué en Italie sur les rivages du Latium, à Laurente, où il a fondé une nouvelle Troie, qui est le lieu de la scène. Il est en guerre avec les Rutules et les Latins et va implorer le secours d'Evandre. Pendant son absence la nouvelle Troie est vivement pressée par l'ennemi et les Troyens se désespèrent. Cependant Nisus et Euryale font pendant la nuit un grand carnage des Rutules ; mais ils sont tués par des

(1) Le ms. 82 de la Bibliothèque du Mans, renferme cinq tragédies françaises de collège qui pourraient cependant venir de cette provenance, bien qu'alors les tragédies jouées dussent être en latin. Ce sont *Trajan* 1666, *Flavius Claudius*, 1667, *la Mort d'Olympias*, 1662, *Sigismonde, fille de Tancrède, roi de Sicile*, 1662, *le Martyre de sainte Suzanne*, 1668. — Il y avait naguères gisant dans un cabinet du collège du Mans une masse énorme de cahiers et de plaquettes provenant de l'Oratoire que l'abbé Bouvet principal du collège vendit, il y a près de quatre-vingts ans, au poids à un épicier du nom de Labrousse, qui en fit des cornets. Vint plus tard, vers 1850, une vente dérisoire et bien regrettable des livres de la riche bibliothèque de l'Oratoire, que fit faire un des proviseurs du Lycée, M. Dieudonné, et que le recteur d'alors a regretté plus d'une fois d'avoir tolérée. M. Dieudonné, l'aumônier du Lycée d'alors, et le recteur M. Edom, mirent de côté plusieurs volumes intéressants. Il y avait des éditions originales de Bossuet, et beaucoup de pièces de polémique janséniste.

cavaliers Latins. La vue de leurs têtes mises au bout d'une pique plonge la ville dans un deuil affreux, et leur mère se tue de chagrin.

Il n'avait pas fallu grands frais d'imagination pour mettre en drame le touchant épisode de l'amitié et de la mort des deux jeunes guerriers immortalisés par Virgile.

Arnoul Levasseur remplit le rôle du jeune Iulé fils d'Énée, René Trotté celui de Nisus, Jean-Étienne Lemarciel celui d'Euryale. François Gremy, André Louvel des Bois, Augustin Levasseur, Pierre Bruneau, Jacques Cormier jouèrent ceux des comparses inventés par le professeur poète.

La tragédie fut suivie de l'*Enigme du Christ s'entretenant avec la Samaritaine*, expliquée par deux élèves, portant des noms plus connus que les précédents acteurs, Jean de Montesson, et Mathieu Chesneau de Mongond (1).

Déjà, dans la même année, le 11 avril, il y avait eu représentée une autre Énigme dans la classe de seconde : à côté des élèves déjà cités on voit encore figurer, parmi les noms des acteurs et des auteurs au nombre de cinq, celui de René Trotté. .

L'année suivante en 1702, le 22 février, tragédie égyptienne émaillée de supplices et d'empoisonnements, dont les événements se passent à Memphis dans le palais du roi *Cambise*, roi de Perse. Psamnetite, roi d'Égypte, son fils Amasis, et Crésus, naguères roi de Lydie, sont les principaux personnages. René de Chantemesle figure parmi les acteurs.

En 1703, à la date du 24 janvier, je rencontre encore une énigme où paraît, parmi le nom des auteurs, celui du mamertin Jacques Anselme Boucher Desmanières, alors rhétoricien qui se fit bientôt connaître davantage par la pièce de vers latins que, devenu clerc, il composa en .l'honneur de

(1) « *Christi cum Samaritana colloquentis œnigma solvent Joannes de Montesson, Cenom., Matheus Chesneau de Mongond, Cenom.* »

l'évêque Rogier du Crévy, lors de sa nomination à l'évêché du Mans en 1712 (15 pages in-4º) (1).

En 1705, le 10 septembre, nouvelle énigme ; voici le libellé de l'affiche imprimée par Ambrois Ysambart, imprimeur de l'Oratoire :

Sanctam Agnetem vero Deo hostiam, Œnigma proponent et solvent selecti tertiani : Jacques Levasseur, Marin Duponceau, Thomas Courtin du Perré, Honoré de la Caillère, René Le Gras, tous du Maine, et Louis Desroches, convictor, de Paris. Proloquetur Thomas Courtin du Perré.

En 1707, le 30 août, l'élite des rhétoriciens joua *Antiochus fils d'Alexandre, mis à mort à Antioche par Tryphon.* On rencontre les noms bien connus de François et Pierre Mauny, ainsi que celui de Pierre Tahureau. Daniel des Champs de Mayenne, Charles Huger, François Mauny et Laurent Marin de la Chenaye proposèrent et expliquèrent l'Enigme du *Christ nourrissant ses disciples avec sa propre chair.*

Vers la même époque, on rencontre un programme empreint cette fois de la préoccupation de l'actualité, et se ressentant des souvenirs de la révocation de l'Édit de Nantes.

Felicissimum Religionis triumphum sive extinctam armis Ludovici magni apud Gebennas hœresim heroico carmine decantabunt selecti humanistæ Cenomanenses. On voit parmi les noms d'acteurs ceux de Joseph de la Brainière et de Guillaume Véron. D'autres écoliers *Leniori plectro carmen claudent pastorale.* C'était comme un vaudeville succédant à un drame trop sérieux.

En 1716, le 22 août, nous sommes au contraire à Constantinople, en pleine tragédie turque. Le programme imprimé par Jacques Ysambart, imprimeur près Saint-Nicolas, nous donne les noms de tous les personnages de cette turquerie,

(1) Déjà en 1675, les Oratoriens pour témoigner leur reconnaissance à l'évêque de Tressan, pour la pose de la première pierre de leur église et la fondation de la classe de théologie, lui avaient adressé *Prosphoneuticum carmen,* de 18 pages d'impression.

ADRASTEN ET ATYN

Tragœdiam

. Dabunt in theatrum

Pro solemni prœmiorum distributione

Selecti rhetores Cenomanenses

PERSONÆ ET ACTORUM NOMINA

Crœsus, rex Lydiorum. . . Andreas Le Chal Deslandes, Cenomanensis.

Atys, Crœsi filius. . . . Petrus Allelay, Cenomanensis.

Sostenes, primus Crœsi minister Carolus Longueval, e Castro ad Ledum

Timagenes, regis ex fratre nepos Petrus Trotté, Cenomanensis.

Adrastes, Gordii regis Phrigiæ, filius. Antonius Barbeu Dubourg.

Mazaces, sacerdotum primus. Renatus Martin Destouches, Carnotensis.

Sostrates, regis filii ab intimis. Carolus Boullet.

Araspes Timagenis. . . . Petrus Robin.

Ormenes, præfectus equitum. Franciscus Michael Veron, convictor.

Proloquetur Franciscus Michael Veron convictor.

Scena Sardibus in aula Lydie regum.

. TRAGŒDIAM

Excipient molesti.

COMŒDIA

Proloquetur Petrus Trotté, Cenomanensis.

PERSONÆ ET NOMINA

Herus. . . . . . . Carolus Boullet, Cenomanensis.

Machaerophorus vasco. . . Franciscus Michael Veron, Convictor, Cenomanus.

Rumusculorum anceps. . . Petrus Trotté, Cenomanus.

Alter Palaemon. . . . . Thomas Pichon.

Poeta ineptus. . . . . . Julianus de Laporte de Crotté.

Emissarius. . . . . . . Thomas Girardus de Fay, Bellesmaeus

Emissarii scriba. . . . . Franciscus Reynaud, Convictor, Cenomanensis.

Servus Julianus. . . . . Antonius Dubucq de Beaumont, Convictor Martiniæ.

Epilogum dicet Petrus Guido Chesneau, Cenomanensis [1].

Scena Parisiis in diversorio heri.

In aula collegii Seminarii Cenomanensis
Sacerdotum Oratorii domus Jesu
Die Jovi 20 Augusti, anno 1744
Hora post meridiem prima.

(1) Chesneau-Desportes, qui prit goût à la comédie et fut le principal auteur de l'établissement d'une salle de spectacle au Mans en 1776, ne mourut qu'en 1828.

MOYSE

Tragédie en cinq actes.

ARGUMENT.

Moyse, élevé à la cour de Pharaon, en qualité de petit-fils et de successeur de ce prince, reconnaît, qu'il ne tire point son origine des Égyptiens, mais des Hébreux. Il trouve son père dans son gouverneur, et apprend avec étonnement toutes les circonstances miraculeuses de sa vie. Averti dans un songe des desseins de Dieu sur lui, il renonce à la couronne, quitte le palais de Pharaon et va rejoindre ses frères persécutés, dont il préfère les afflictions aux délices d'une cour profane.

ACTEURS.

Pharaon, roi d'Égypte. . . .	M. André Piveron, pens. d'Ernée.
Moyse, fils d'Amram. . . .	M. Jean Godefroy, pens. de Sablé.
Ramesses, prince du sang royal.	M. Jacques-Louis Belin de Béru, du Mans.
Amaris, premier ministre de Pharaon.	M. Julien Chartrain, pensionnaire de Mamers.
Amram, père de Moyse et son gouverneur.	M. François Pillier, du Mans.
Aaron, frère de Moyse. . . .	M. Jean-Mathurin Le Romain de La Héraudière, du Mans.
Nadab, fils d'Aaron.	M. Gabriel Brossain de Saint-Didier, pensionnaire de Mamers.
Aménophis, capitaine des gardes	M. Louis Beaudry, pens. du Mans.

Gardes.

La scène est à Memphis, capitale de la Basse-Égypte.

ACTEURS DU PROLOGUE DE LA TRAGÉDIE.

Amyntas.	M. François des Orgeries de Courtillole, pens. d'Alençon.
Damis.	M. Charles de Broc, pensionnaire du Mans.
Polémon.	M. Nicolas-Marcel Corbin de l'Aiglerie, pens. d'Angers.

petits et grands. *Amurat empereur des Turcs*, son fils Mahomet, Selim interprète de la religion musulmane, Isachim, préfet de Constantinople, Achmet, ministre de l'empire, Osman, conseiller de Mahomet, Mustapha, préfet *imperatoriæ legationis*, Isaleb, chef des janissaires *(dux stypatorum)*.

Ce devait être bien curieux de voir le costume de tous ces Turcs y compris *le Grand*, et de les entendre jargonner en latin. Plus tard le chanoine André-René Lepaige, l'auteur du *Dictionnaire du Maine*, devait bien rire lui-même en songeant au rôle d'Isachim qu'il représentait dans cette pièce.

On avait vu, vers 1708, la pastorale s'introduire sur la scène. En 1744, on s'accommode encore davantage au goût du jour. Voici la comédie elle-même qui, à la suite de la tragédie d'*Adraste*, fait son entrée pour ramener le rire sur les lèvres des spectateurs attristés par les sombres horreurs de la tragédie. Le programme, qu'on peut lire ci-contre, a soin de le dire lui-même.

En 1745, une affiche imprimée chez Ysambart rue Saint-Vincent, nous annonce les jeux scéniques du 24 février *Philopatores carmine heroïco dicent selecti humanistæ* (suivent les noms). *Epilogum dicent..... Proloquentur Musæ, Apollo, Callioppe, Thalia, Appoline præsidente.* C'était le jeune Hatton de la Goupillère qui remplissait le rôle d'Apollon.

Voici le programme d'une autre tragédie du même temps ; mais dont l'affiche que je reproduis a négligé de donner la date.

Vers la même époque apparaissent les exercices académiques en public qui plus tard occuperont une si large place. Le premier que je rencontre, imprimé chez Louis-Jacques Peguineau a trait aux *Antiquités Romaines*. MM. Étienne Carré du Rocher, de Laval, François-Jean-

Baptiste Orry, du Mans, Billaud de Lorière, de Mayenne, Julien Vallée, du Mans, tous pensionnaires, étaient chargés de répondre aux difficultés proposées dans le programme.

C'était pour ces jeunes esprits une utile gymnastique préférable peut-être aux représentations dramatiques et ce premier exercice historique est des mieux choisis.

Une autre innovation importante que révèle ce programme, c'est l'introduction au grand jour de la langue française dans le collège de l'Oratoire. Il a fallu attendre presque jusqu'au premier tiers du XVIII⁰ siècle pour en arriver là.

Jusque là les spectacles eux-mêmes qui s'adressent surtout au public, qui ont pour but d'entrer en communication avec lui, les comédies elles-mêmes qui cherchent à l'amuser, ont été composées en latin. Tout savant, tout intelligent que fut l'auditoire, bien des détails devaient lui échapper dans ces amusements scolastiques, et s'il y avait des mères ou des sœurs des écoliers parmi les spectatrices, plus d'une, succombant à l'ennui, dut songer à Thomas Diafoirus, en entendant les compliments et les remerciements récités en latin (1).

C'était la règle ; après avoir parlé latin toute l'année au collège les portes closes, les Pères auraient craint que leurs élèves ne sussent pas s'exprimer en français dans ces solennités où ils ouvraient leurs portes au public, ou bien qu'ils ne parussent des ignorants en s'exprimant dans la langue de tout le monde. En France pour être considéré comme savant il a longtemps suffi de s'arranger de façon à ne pas être compris par tous. Le latin du

(1) N'avions-nous pas encore hier le discours latin du concours général et n'avons-nous pas vu déjà un assez bon nombre de pièces représentées en grec, Philoctète, Œdipe à Colonne, les Perses, Prométhée, Antigone, avec les chœurs de Mendelssohn, sous le patronage d'un illustre évêque ?

reste était, je l'ai déjà dit, la seule langue autorisée pour l'usage commun dans tous les collèges d'Europe. Les écoliers de l'Oratoire devaient argumenter, disputer en latin, converser même entre eux dans cette langue. C'était, je le reconnais, un moyen excellent de leur en rendre familiers la syntaxe et les mots. Toutefois il y avait déjà des exceptions nécessaires à la règle.

Parmi les cahiers d'élèves de l'Oratoire du commencement du XVIIIᵉ siècle (1712-1713) que je conserve dans mon cabinet, si ceux de philosophie, de physique, sont toujours en latin, ceux de cosmographie, de géographie, de poésie française, sont en français. Jusqu'au XIXᵉ siècle l'empire du latin continue à prévaloir. Arnauld s'était déjà élevé contre l'usage général ; Rollin lui porta un rude coup, en écrivant en français son *Traité des Études* et ses autres ouvrages. Toutefois cet emploi de la langue française par un recteur de l'Université ne fut pas sans causer un véritable étonnement et l'on connaît le mot charmant et si souvent cité de d'Aguesseau à l'auteur du *Traité des Études :* « *M. Rollin vous écrivez en françois, comme si c'était votre langue naturelle.* »

Les Pères de l'Oratoire, on le verra, conservèrent l'usage de faire en latin les harangues solennelles qu'ils débitaient chaque année dans leur collège, voire même leur discours d'apparat dans la chaire. C'est ainsi que le 31 mai 1774, dans le service célébré par les Oratoriens pour le repos de l'âme de Louis XV, le père Domat (1), professeur

(1) Le nom du Père Domat revient souvent en tête des cahiers de l'Oratoire que je possède. Les plus anciens de ces cahiers datent du XVIIᵉ siècle. L'un, *Tractatus varius a doctissimo patre Domat datus Cenomani 1774 excipiente Guillelmo Louzier,* (Le nom de Domat et la date de 1774 sont des surcharges), comprend un abrégé de cosmographie, 8 pages imprimées, *les véritables présages des comètes se terminant par un portrait de G. de Nostradame* (Nostradamus), un traité de géographie avec cartes gravées, les règles de la poésie française, des

de rhétorique, prononça l'oraison funèbre du roi en latin. Le 15 juillet 1784, le Père rhétoricien ayant prononcé un discours français intitulé *Vœux patriotiques sur l'éducation de Mgr le Dauphin*, ce discours fut regardé par plusieurs comme une innovation dangereuse ; pour faire cesser les bruits, il débita, le 3 août, en se servant de l'ancienne langue traditionnelle, un discours sur ce thème : *Quanam potissimum linguà publice celebrandi sunt eventus.* L'année suivante, le 18 mai, nouvelle harangue latine *de Bello.*

Il est grand temps de revenir en arrière, et de reprendre la série des représentations théâtrales qui, depuis la seconde moitié du XVIIIᵉ siècle, ont enfin lieu en français. Je mentionne à sa date l'affiche latine suivante imprimée chez Jacques-Guillaume Ysambart, imprimeur du collège, au carrefour de la Sirène. *Serenissimi Burgundiæ ducis natales regiæ stirpi et Galliæ gratulabitur orator Cenomanensis.*

vers pieux. (Je ne parle pas des vers profanes qui montrent que les élèves de ce temps étaient déjà accessibles à tout autre chose qu'aux leçons des bons Pères) ; un portrait de G. Louzier lui-même. Il contient encore à la fin un dessin à la sanguine représentant un paysan qui offre à son seigneur un lièvre. Un autre cahier renferme le cours volumineux de philosophie professé par le Père Auphant « *Physicæ professore dissertissimo, facundo, dignissimo, tandem nec non peritissimo, excipiente Guillelmo Louzier, 1713.* » (Inscription insérée dans un cartouche armorié.)

Les Louzier étaient une famille très nombreuse dans la région entre Bonnétable et Marolles. Ce Guillaume Louzier devint curé dans le pays et mourut à Moncé. Je possède sa bible in-folio de 1558, reliée à nouveau en 1669. Elle porte cette inscription : *Ce livre est de la succession de Guillaume Louzier, prêtre, décédé à Moncé, mon grand oncle, Grignon, notaire à Marolles-les-Braux, 1778.* Louis Grignon qui utilisa les cahiers de G. Louzier figure au palmarès de l'Oratoire de 1774 comme ayant obtenu le second prix d'éloquence et un accessit de version grecque.

Puis vient un cahier de la Rhétorique enseignée par le R. Père Domat, *né Languedocien*, recueillie par Louis Grignon, 1774. Un livre de plain chant de 1749, contenant les Lamentations de Jérémie écrites par Louis Le Grand, clerc de Château-du-Loir. Un traité de Rhétorique (probablement enseignée par le Père Moissenet), et de nombreux livres de classe du XVIIIᵉ siècle, la plupart imprimés à Alençon.

La première *affiche* française que j'ai rencontrée (je ne parle pas de programme d'exercice littéraire) est de 1757. Elle annonce la représentation pour le 16 février dans la *Salle des Actes* (à carnaval chaque année, il y avait fête scolaire) de *Cyrille*, poème dramatique. Dans cette tragédie chrétienne on voit Cyrille à Césarée se faire chrétien malgré son père Oronte. Celui-ci le dénonce lui-même au gouverneur de Cappadoce, qui d'abord pour l'intimider le menace du supplice, puis outré de sa résistance le fait mettre à mort. Mais le sang des martyrs est une semence de chrétiens : le père de Cyrille éclairé par la grâce embrasse le Christianisme et envie le sort de son fils.

En 1758, le 21 août, la tragédie d'*Achille*, en 3 actes, empruntée tout entière à l'*Iliade* (1), montre le héros grec consentant enfin à sortir de sa tente et à reprendre les armes après la mort de Patrocle, et met en scène la plupart des personnages homériques de l'armée grecque, avec un chœur de Thessaliens. Cette pièce eut du succès car elle fut reprise au mois d'août 1764, et les Pères ont soin de dire, en la donnant pour la seconde fois, « que le public daigna, lorsqu'elle parut il y a six ans, l'honorer d'un accueil favorable ». Elle reparaissait retouchée avec soin et abrégée, disait cette réclame théâtrale, qui s'était glissée jusque chez les bons Pères.

En 1758, on voit figurer parmi les acteurs M. Charles-François Le Pelétier de Feumusson de La Lande, dit le programme de la tragédie, et Pierre-René Potier (le futur maire du Mans à une bien triste époque).

Déjà à cette date, la tragédie n'était plus tenue en aussi grande estime ; on ne la tolérait pour ainsi dire qu'en y joignant une comédie. *Achille* fut suivie en 1758, d'une comédie en trois actes et en prose l'*École des jeunes gens,*

(1) L'affiche sur 4 pages in-4° est imprimée par Ysambart, au carrefour de la Sirène.

dont la scène se passait à Paris à l'hôtel de Limoges. Nous voilà bien loin d'Illion et de la tente qui vit pleurer le vieux Priam aux pieds d'Achille.

Les personnages étaient le *chevalier de Duppenville*, le *baron de Fourbignac*, *le banquier Argyran*, *Ariste*, *Clitandre*, *Philiste*, *Rigaudin*, *jeunes gens*, *Lucas*, *valet de Rigaudin*, *Mascarille*, *autre valet*. Ce dernier personnage était joué encore par Potier. François Ménard la Groye, dont j'ai fait connaître ailleurs le goût pour la poésie qui lui venait sans doute de l'Oratoire (1), remplissait le rôle du banquier. La pièce était, comme toujours, précédée d'un prologue, et fut suivie d'une chanson ; il y eut répétition l'avant-veille de la représentation solennelle. « Les spectateurs sont priés de ne pas monter sur le théâtre ». On retrouvera désormais cette recommandation sur tous les programmes jusqu'à la fin du siècle.

Cependant la tragédie qui se jouait d'ordinaire tous les deux ans était si bien entrée dans les mœurs, que les Oratoriens se pourvoyaient en bonne forme à l'hôtel de ville d'une dispense d'en donner.

En 1748 ils en avaient été déjà dispensés, vu la réédification du collège. En 1760 : ils furent encore dispensés *pour cette fois* d'en donner avant la distribution ; il y aurait en compensation un exercice et une comédie et on réserverait aux compagnies les places qu'elles doivent avoir.

En effet, en 1760, après un exercice sur quelques endroits de l'*Énéide*, on représenta le *Retour imprévu*, petite comédie en un acte et en prose tirée de Regnard, et qui avait paru propre à être adaptée au théâtre de collège à la faveur de quelques légers changements. L'auteur du *Joueur*, du *Légataire* et des *Folies amoureuses* joué à l'Oratoire qui l'eut cru et qui eut pu prévoir cette invasion envahissante (2)?

(1) Voir *les Vendéens dans la Sarthe*, t. III, p. 15 et suivantes.
(2) Voir affiche in-folio de Jacques Ysambart.

LE MONDE TEL QU'IL EST

Poème dramatique

ARGUMENT.

Les diverses espèces de folies qui règnent parmi les hommes sont la matière de ce petit Poème. Momus, pour satisfaire la curiosité d'un habitant de la Lune, fait prendre des formes humaines aux différents Êtres qui gouvernent le monde sous ses loix. Les principaux caractères qu'on met en jeu dans ce dialogue sont la philosophie à la mode, la fatuité, l'avarice, l'esprit de conversation ou, ce qui est la même chose, la médisance.

ACTEURS.

Momus, dieu des fous. .	M. Jacques Touzard, du Mans.
Un habitant de la Lune. .	M. Pierre-Laurent Lalande des Touches, du Mans.
La Fatuité.	M. Gabriel Brossain de Sᵗ-Didier, pens., de Mamers.
L'Avarice.	Pierre Mortier Duparc, pens., du Mans.
L'Esprit de conservation.	Anne Duperrier, pens., du Mans.

M. Charles Jousset des Berries des Fortières, du Mans, dira le prologue du petit poème.

Il y aura une distribution solennelle de prix précédée d'une chanson que chantera M. Godefroy.

On prie instamment les spectateurs de ne point monter sur le théâtre.

Dans la salle des actes du collège-séminaire des Prêtres de l'Oratoire du Mans.

Vendredy 20 et samedi 21 août 1762, à 2 heures précises après midy. On fera le jeudi 19 une répétition publique à la même heure.

(Sans nom d'imprimeur.)

Il est vrai que les bons Pères faisaient à son égard comme le Père Jouvency à l'égard d'Horace. Jacques-Louis Belin de Béru, et Louis Jousset des Berries étaient au nombre des acteurs.

En 1761, le vendredi 29 mai, il y eut une nouvelle déclamation à l'Oratoire.

L'année suivante, le 21 août 1762, grande solennité dramatique. On peut voir ci-contre la reproduction de l'affiche.

En 1764 eut lieu la reprise d'*Achille*, dont j'ai parlé, après un exercice littéraire sur le poème épique dédié au comte de Tessé. La cérémonie dura deux jours le samedi 18 et le lundi 20 août.

Ce fut au Mans le chant du cygne de la tragédie scolastique de collège. Elle expirait agonisante même au collège et s'enfuyait devant les bergeries florianesques et les pastorales qui dès lors régnèrent en maîtresses sur le théâtre de l'Oratoire. Après Regnard, c'était Wateau et Boucher dont l'influence se faisait sentir jusque dans l'intérieur des classes des bons Pères. Le collège lui-même était le reflet de la société d'alors (1).

Ce qui avait fait tort aussi à ces représentations dramatiques, c'étaient les exercices académiques et surtout littéraires, qui chaque année avaient pris une place plus grande dans les solennités scolastiques et avaient fini par reléguer les drames et les comédies au second rang.

« Les exercices académiques ont deux avantages, dit un programme du temps ; ils forment le goût des jeunes élèves qui veulent s'instruire et par l'heureuse facilité, qu'ils leur donnent de produire dans une brillante assemblée les fruicts de leurs études, ils entretiennent parmi eux une louable émulation ». Les Oratoriens avaient donc formé dans leurs collèges, comme les Jésuites, des sociétés littéraires sous le

(1) Rollin même l'avait blâmé dans son *Traité des Études.*

nom d'académies. Voici les noms des académiciens qui dans leur séance de fin d'année, suivie le lendemain d'un exercice littéraire terminé *par deux plaidoyers burlesques*, mirent précisément en relief l'utilité de ces pastiches scolaires de l'Académie française. C'étaient MM. Joseph-Emmanuel Rottier de Madrelle de Moncé, président, Houdayer, secrétaire, Lambert, vice-président, de Touchemoreau, Ysambart, Pivart, Pineau, Yvard, Piveron, Thézé, du Mans, Potier. Nous avons plus de trace des exercices littéraires ou scientifiques annuels que des séances académiques. A partir de la seconde moitié du XVIIIᵉ siècle, ils abondent ; on peut les suivre année par année. En outre même des programmes, on conserve les discours prononcés par les écoliers, tel par exemple le discours sur la nécessité de l'éducation, sur les belles-lettres, la poésie, la géographie, la chronologie, prononcé aux exercices de l'Oratoire, le 12 août 1752. Cette même année, M. Chesneau Desportes, prononça une harangue en vers (1).

Passons à un exercice latin ; c'est un placard in-folio, imprimé en grandes capitales avec les grandes armes de l'Oratoire :

Inesse / singulis hominum ingeniis / vim quamdam / ad artem aliquam scientiam se accomodatam / dicet / Orator Cenomanensis.

In aula coll. semi. Cenom. Sacerd. Orat. Dom. Jesu.
Die veneris 29 maii anno 1761. Hora post meridiem sesqui secunda.

Cenom. Ex typis Jacob. Ysambart, collegii et civit. typog. in comp. Sirenis.

Voici divers exercices du XVIIIᵉ siècle :

(1) Voir l'affiche in-4º, chez Ysambart, au carrefour de la Sirène.

EXERCICE LITTÉRAIRE.

De Messieurs les Écoliers de Seconde.

Les narrations, les fables, les lettres et les autres genres de compositions auxquels on exerce Messieurs les Écoliers de Seconde feront la matière de cet exercice que l'on fera précéder de quelques questions préliminaires sur l'art d'écrire en général.

QUESTIONS :

En quoi consiste l'art d'écrire ? De quelle utilité est l'étude de sa langue ? Qu'est-ce que le style et quelles en sont les différentes espèces ? Du choix et de l'arrangement des mots. Des figures. Qu'est-ce que le goût ? Qu'est-ce que la narration et combien en distingue-t-on de sortes ? Quelles sont les qualités et quel est le style de la narration. Qu'est-ce que la narration poétique ? Quels sont les modèles de la narration poétique ? Qu'est-ce que la narration historique ? Quels sont les modèles en ce genre ? Qu'est-ce que la narration familière ? Quels sont les modèles de la narration familière ? Qu'est-ce que la fable ou l'apologue ? Quels sont les meilleurs fabulistes ? Quelles sont les lettres ? Quels sont les modèles pour le genre épistolaire.

RÉPONDRONT MESSIEURS :

René Jouennault, de Château-du-Loir.

Jean-Baptiste Berthelot, d'Izé.

René Richebourg —

Étienne-Pierre Cherbonnet, du Mans.

Julien Le Beu de la Primodé, d'Azay-le-Rideau.

Vincent Dubourg, du Mans.

Julien Malherbe des Patis, de Beaumont-le-Vicomte.

DRAME

Deux fables de M. Aubert, intitulées l'une *Fanfan et Colas* et l'autre *Cloé et Fanfan* ont fourni le sujet de cette pièce.

ACTEURS DU DRAME :

Messieurs

Cherbonnet, Jouenneault, Louis Buard, du Mans, Berthelot, des Patis.

Ce Drame sera précédé d'un prologue en vers libres.

ACTEURS DU PROLOGUE :

Almandor. } Jeunes gens sortis depuis peu { M. Du Bourg.
Damis. } du collège. { M. Jouenneault.
Eugène, écolier.   M. Le Beu de la Primodé.
Eudoxe, id.   M. Richebourg.

M. Jouenneault, fera le compliment et le remerciement.

Dans la salle des Actes du Collège des Prêtres de l'Oratoire, le mercredi 26 février 1772, à 2 heures après midi.

Au Mans, chez Jaq. Ysambart, imprimeur du collège, carrefour de la Sirène.

En voici un autre in-folio sur la physique (grandes armes) :

Exercice / académique / sur la physique particulière / qui sera fait / en forme de dialogue / avec les expériences / par Messieurs / René Louis Bon Richer de Boismaucler, du Mans, et François August. Canteil de St Laurent, Pension. de Caen.

Écoliers de Physique

Le Mercredi 20 juillet 1768.

Dans la salle des prêtres de l'Orat. du Mans, à 2 h. et demie précises après midi.

Au Mans, chez J. Ysambart, imp. carref. de la Sirène.

Exercices académiques / de physique. (Petites armes.)

« La physique n'a qu'à se faire connaître pour se faire aimer. Elle est riante, elle amuse tous les sens ; elle est utile. Les Arts et les Sciences naturelles, tout est de son domaine. La physique expérimentale surtout, égayant comme elle fait, l'abstraction des raisonnemens par le jeu des Expériences, ravit tous les suffrages. Le prince et le bourgeois en font leurs délices, jusqu'au sexe même, à présent qu'elle a déposé son air farouche et quitté son langage étrange, ne dédaigne pas d'en faire son amusement. Le moyen de la faire goûter à la jeunesse serait-il donc encore d'envoyer un cartel général de défi de monter sur les bancs comme dans un fort, et là remparé d'hypothèses, d'autorités et de faits, armé de syllogismes comme d'autant de traits perçans, soutenir l'assaut contre tout athlète qui voudra se présenter ? Non, sans doute ; on est plus raisonnable aujourd'hui. Un exercice académique aura plus de goût et produira plus de fruit. L'amour propre est piqué à l'aspect d'une assemblée nombreuse de l'un et l'autre sexe dont il attend le tribut ; les matières mises à la portée de l'esprit encore foible, le flattent et l'amusent ; les secrets de la nature qui se dévoilent peu à peu excitent la curiosité, etc. »

En voici encore un autre.

(Grandes armes), in-folio. *Jesu Maria. / Serenissimi / Burgundiæ ducis / natales / regiæ stirpi et galliæ / gratulabitur orator Cenomanensis.*

In aula coll. sem. Ceno. Sac. Or. D. J. Die veneris 4 februarii anno 1752. Hora post meridiem sesqui secundà. Ceno. apud Jacob. G^{um} Ysamb. coll. typo. in vico Sirenis.

Je ne puis m'arrêter à tous ces entretiens littéraires où les élèves devaient répondre aux questions (prévues par le programme) qui leur étaient posées par la docte assistance. Ce n'est pas du reste le but de ce travail. C'est à un des professeurs du collège (et je désire que l'Oratoire du Mans trouve un historien complet parmi eux) c'est à un des successeurs des Oratoriens, de suivre, si toutefois cela en vaut la peine, ces exercices de différentes classes depuis la cinquième, ces dialogues, ces églogues, ces prologues, ces compliments, ces remerciements, ces cantates, ces chansons, dont l'Oratoire est dès lors inondé.

Je me contenterai de citer ces deux affiches qui sortent de la banalité et qui ont encore grand air.

L'une du 21 février 1778, imprimée chez Abel Pivron, au carrefour de la Sirène :

Quam immerito meticulosi quidam homines
Hac in œtate nostra
Galliæ
Diffidant
Dicet
Orator Cenomanensis.

L'autre du 14 juin 1771, sortant des presses de Jacques Ysambart :

Quis vere sophus dicendus
Est dicet
Orator Cenomanensis.

Il est vrai qu'il s'agit là de harangues de professeurs et non d'élèves.

Je mentionnerai aussi en passant les thèses soutenues par d'anciens écoliers manceaux.

Une thèse de Saint-Vincent. (Armes de l'abbaye de Saint-Vincent, en tête, crosse abbatiale, gril et discipline.)
Christo sacramentorum auctori. Questio Theologica.
Quod emundat nos ab. 1 Joan. cap. 1, v. 7.
Pœnitentia, quæ secundo post naufragium tabula, criminum diluvio in portum salutis inducit. (ix propositions.)

Has theses Deo duce et auspice Dei para Virgine, tueri conabuntur Monachi benedictini, congregationis Sti Mauri, diebus Lunæ et martis 29 et 30 decembris, anno Domini 1766 à prima ad vesperam in aula regalis abbatiæ Sti Vincentii Cenomanensis.
Cenomani, ex typis Jacobi Ysambart collegii et civitatis typographi, in compito Serenis.

Autre thèse. Oratoire. (Armes, Jesu Maria tenu par deux anges.)
Christo jejunanti theses philosophicæ. Ex Prolegomenis.

Autre, id. (Armes plus grandes.)
Même sujet. Ex prolegomenis. Ex logica.

Id. (petites armes.)
Christo infanti.
Theses philosophicæ.
Ex morali.

Has theses, Deo duce et auspice Dei parâ, tueri conabitur *Petrus Pasquier Cenomanus*. In aulâ collegii Cenomanen. Sacerdotum Oratorii Domini Jesu, Die mercurii 17 januarii anno 1759, hora post merid. sequi secund.

Cenomani apud Jacobum Ysambart, colleg. et Civil. thypographum in trivio Sirenis.

D. O. M.

Theses ex universa philosophia.

Ex prolegomenis, ex physica generali, et particulari.

— Logica.

— Metaphysica.

— Morali.

Has theses Deo duce et auspice Dei parâ, tueri conabitur Joan. Bapt. Franc. Flor. Rigault de Beauvais, conv. e Firmitate Bernardi, die mercuri 17 julii anno domini 1765, hora post meridiem sesqui secundâ, in aulâ colleg. seminarii Cenom. sacerdot. Orat. d^{ni} Jesu.

Sans nom d'imprimeur.

(Petites armes.)

Christo advenienti.

Theses philosophicæ.

Ex morali, ex religione.

Has theses Deo duce, tueri conabitur Carolus Josephus Moynerie Cenomanus Die mercurii 12 decembris anno reparatæ salutis 1759, hora post meridiem sesqui secunda, in aula collegii seminarii Cenomanensis.

Cenom. ex typis Jacobi Ysambart.

In compito. Sirenis.

Je m'arrête. Il me faudrait signaler aussi la thèse de Michel Boyer, qui existe encore ; mais je me borne à celles que j'ai reproduites.

Il me reste à citer quelques-unes des doucereuses représentations scéniques de ce temps, à l'Oratoire, où le collège d'ailleurs n'avait plus la même vitalité qu'autrefois, bien que la rhétorique fut enseignée par le P. Domat. Le 25 février 1767, *Pastorale sur l'agriculture*. En 1773, le 17 février, après des entretiens sur la poésie, les élèves représentent le *Miroir du Sage*, poème avec prologue dans lequel figurent Louis Maulny et Jean-Baptiste Hatton.

En 1774, le 23 août, le *Poète devenu négociant*, drame où paraissent encore ces deux écoliers ainsi que François Moulin et René Jouenneault qui annonça la distribution des prix par une chanson etc. (1)

La même année eut lieu avant les vacances un exercice académique que M. Rebut n'a pas connu et dans lequel a paru Louis Grignon, de Marolles.

En 1775, le 22 février, *le Berger ambitieux*, pastorale en trois actes (l'argument existe) avec Silvandre, Tircis, Dumon, Tityre, Tirène, Licidas, Timandre. — « *Le lieu* de la scène est à l'extrémité du royaume entre la France et l'Espagne », sans doute au Val d'Andorre.

En 1777, nonvelle pastorale *Dialogue* et chansons. On ne peut jouer autre chose que des pièces champêtres, de peur de sembler imiter le théâtre qui vient de s'établir au Mans d'une façon permanente et dans la salle de spectacle due surtout à Chesneau-Desportes.

En 1778, 14 juillet, encore une pastorale avec les Tircis, les Daphnis, Tityre et Licidas et les chansons d'usage. En 1780, il y eut un bien curieux *exercice académique sur les*

(1) Le programme du spectacle n'occupe plus que la dernière page de l'exercice académique. Celui de cette année est imprimé sur 8 pages in-4°. Jacques Ysambart, carrefour de la Sirène. Il y a aussi à collectionner les affiches palmarès indiquant le nom des élèves couronnés. J'en possède, dans mes papiers de famille, une de cette année 1774, où Louis Grignon de Marolles obtient en rhétorique un prix d'éloquence.

grands hommes du Maine, par les écoliers de seconde, dirigé par le Père Dauribeaux, et qui est aujourd'hui le plus intéressant pour nous de tous ceux de l'Oratoire, puis représentation par sept acteurs du poème de l'*Enfant gâté*.

En 1781, le 16 août, exercices dédiés à l'évêque avec le dialogue des *Souhaits*. En 1782, pastorale du *Véritable Ami*, avec cantate sur la naissance du dauphin fils de Louis XVI et sur la prise d'Yorck. Les bruits du dehors pénètrent on le voit dans le collège. Je remarque parmi les noms des écoliers, ceux de Lorcet et de Ledru, qui termina la séance par une chanson. Ce n'était pas le futur collectionneur du Maine, car l'abbé Ledru était né en 1761.

En 1783, au carnaval, exercice sur la poésie épique suivi d'une petite pièce morale sur l'aveuglement de l'avarice.

En juillet le Père Bion, professeur d'éloquence, fit sa harangue *Sur la Paix*, et le sept, les écoliers représentèrent *Le Bon Vieillard ou la Vertu couronnée*, pastorale.

Les pastorales et les divertissements champêtres se succèdent sans relâche. Le temps est à la pastorale et à la vertu récompensée. On couronne partout des rosières, même au Mans (17 juillet 1786). L'ordre de la noblesse du Maine donnera bientôt solennellement un prix à la sagesse, *præmium virtutis et sapientiæ*, à l'élève de chaque classe de l'Oratoire le plus sage et le plus vertueux au jugement de ses condisciples, confirmé par l'approbation du préfet et de son professeur (17 avril 1789).

Au lieu d'énumérer toutes les fadeurs de cette béate sentimentalité, il serait plus curieux de voir si les jeunes gens dont les noms paraissent dans ces représentations du XVIIIe siècle ont porté plus tard dans la vie leur goût pour la poésie dramatique, et si le germe, né à l'Oratoire, s'est développé et a produit ses fruits.

Est-ce à l'Oratoire que René-François Chauvin Duponceau d'Oigny, prit le goût de la poésie en tous genres, de même qu'Étienne Bréard, l'étaminier poète y avait puisé bien certainement au commencement du siècle, celui des vers latins (1) ?

En feuilletant dans divers manuscrits poétiques de la Bibliothèque du Mans on trouve de nombreuses poésies du XVIII° siècle de M. Rottier de Madrelle, de 1761, évidemment inspirées par le souvenir du collège, une petite comédie écrite par Jean Vasse à son âge de 17 ans, en 1732, *Sœur Marie ou la Médecine champêtre* et de nombreuses pièces attribuées à l'un des Maulny, de 1718 à 1730, *La Vérité des proverbes ou le Gentilhomme dindon*, comédie en trois actes, *Le pour ou contre du mariage*, comédie en prose en trois actes, qui se passe à Bonnétable et au Mans, *l'Agioteur Manceau*, etc.

Un de ceux qui ressentit le plus l'influence de l'Oratoire, qui subit même à l'excès celle de la pastorale, fut cet excellent Michel Boyer dont quelques Manceaux peuvent encore se rappeler non seulement les nombreuses poésies, mais encore la bienveillante physionomie. Entré au collège du Mans en 1784, il porta tout le reste de sa longue carrière la marque de l'enseignement qu'il y avait reçu et qu'il s'identifia plus que tout autre. Il resta toute sa vie la doublure ou l'élève du P. Alhoy, le professeur de rhétorique auquel il succéda après avoir été son écolier, et qui a laissé au Mans le souvenir d'un talent oratoire et poétique distingué et d'un esprit un peu trop prompt dans sa jeunesse à se laisser séduire par le mirage trompeur de Rome et d'Athènes.

Il nous a laissé, outre sa thèse, de curieux renseignements sur l'Oratoire. Il avait vu mourir le Père Devaux, le 24 mars 1787, il avait vécu sous le Père Delas, préfet des études, il fut l'ami, après avoir été l'élève du dernier supérieur, le P. Moissenet, sur lequel il a écrit une de ses plus

---

(1) On peut se demander la même chose pour l'ancien maître des requêtes Le Vayer qui mourut le 5 juin 1766, et avait fait entre autres le plan et l'ensemble de la pièce de M. Fagan, *La Pupille*.

intéressantes notices. C'était lui, Michel Boyer, théologien clerc tonsuré, qui le 27 avril 1789, débita au nom du collège, le remerciement à la noblesse dans la solennelle distribution de prix de vertu dont j'ai parlé, après que le Père rhétoricien eut prononcé un discours sur le patriotisme (1) et que le jeune Lambert la Vannerie eut chanté des couplets de circonstance. Il nous parle même des *Corydons* et des idylles que débitaient alors les élèves des premières classes. « En quatrième, dit-il, le Corydon a été une idylle de Théocrite accommodée pour des enfants, le Père cinquième a donné la sienne sur *la Paix* et le Père sixième a tiré d'*Osch, les Plaintes d'un chasseur sur l'absence d'un de ses amis* » (2).

C'est lui enfin qui s'est inspiré des souvenirs de cette poésie champêtre de collège, au point de mettre en pastorale la guerre de Vendée, la guerre civile elle-même, et de faire représenter sur le théâtre du collège, où il avait succédé à ses anciens maîtres, *la Pastorale en deux actes et en vers sur la victoire remportée auprès de Nantes par les armées de la République, par Michel Boyer, professeur au collège national du Mans, représentée dans l'acte de la distribution des prix du collège, en présence des autorités constituées le 6 août 1793 et imprimée par ordre de l'administration du département de la Sarthe* (3). Hélas! il n'était pas le premier à faire intervenir les Damis, les Licidas, Damon, Aminthe, Daphnis et Timandre dans le domaine de la politique à laquelle les portes du collège eussent dû rester fermées. S'il y avait là affaiblissement de sens moral il n'avait fait

(1) Le père Alhoy sacrifiait aux idées nouvelles. Il prononça à l'assemblée des trois-états de la province une harangue sur ce thème : *Vœux patriotiques pour la réforme de l'éducation nationale.* Il voulait approprier l'éducation publique à la nouvelle constitution.

(2) *Notice biographique sur le père Moissenet.* Le Mans, 1842, in-8° de 38 pages.

(3) Le Mans, Pivron, 36 pages in-8. J'ai parlé ailleurs de cette pastorale. Voir *les Vendéens dans la Sarthe,* t. I, p. 77.

que suivre l'exemple déjà donné par les Oratoriens. N'avait-on pas vu à Troyes les Pères faire représenter sur leur théâtre, avec la prise de la Bastille, le meurtre de Berthier et de Foulon ?

Heureusement au Mans le théâtre de l'Oratoire est vierge de pareilles méprises et de ces dangereuses niaiseries. Il se traîne jusqu'à sa fin dans des pastorales anodines, de petits divertissements champêtres, à l'instar de ceux de Trianon. La dernière pastorale en 1791 fut *le Retour de Daphnis dans son pays*.

Le 20 juin et le 10 août 1792 furent un terrible coup de tonnerre au milieu de ces bergeries et de ces idylles, dignes des rives de Salente. Devant l'obligation du serment à la constitution civile du clergé et la suppression des congrégations, la plupart des Oratoriens prirent, comme le jeune Tobie, leur bâton de voyage, et allèrent chercher les larmes aux yeux, hors du sol de la patrie, un asile pour mettre leur tête à l'abri des violences de la Révolution.

Firent-ils plus tard un retour sur eux-mêmes et sur les défauts de cet enseignement florianesque qui tendait à faire prendre la vie de la société pour un conte de Bouilly ou une idylle de Gessner ? Le Père Alhoy, devenu plus tard collaborateur de l'abbé Sicard, songea-t-il parfois à ces pastorales, qu'il importait même du collège jusqu'au sein des familles ? Témoin cette fête du 4 février 1789, que célébrait à Mamers M. Chartrain, ancien négociant et président du grenier à sel, pour renouveler la cinquantième année de son mariage avec Mlle Fournier Desmarais et dans laquelle, après un repas, ses petits enfants représentèrent une pièce de la composition du Père Alhoy (1), analogue à la fête.

Hélas si les hommes oublient peu, les révolutions même ne leur apprennent rien ! Au lendemain des scènes sanglantes de 1793 et de 1794, ceux des anciens élèves

_____

(1) *Affiches du Maine*, du 16 février 1789.

de l'Oratoire qui avaient adopté les idées de la Révolution et qui dirigeaient l'école centrale du Mans revenaient encore à la pastorale. Le 30 thermidor an VIII, le citoyen Simier y faisait jouer une pastorale allégorique, dont il a bien longuement donné l'analyse, et trois ans plus tard, le 9 thermidor an XI, on représentait sur le même théâtre une pièce à la Berquin, *la Vanité punie*, où jouait Pierre des Berries. Quand deux ans plus tard, après la suppression de l'école centrale en 1804, les Oratoriens revinrent pour ainsi dire reprendre possession de leur ancien collège, dans la personne de leur ancien supérieur le père Moissenet, nommé principal de l'école secondaire, on se donna bien garde de ne pas reprendre l'ancienne tradition. Dès la première année, le 11 brumaire an XIII, devant le préfet Auvray, le vénérable et modeste Père Moissenet fit jouer par ses élèves un drame en trois actes, ayant pour sujet *la Distribution des prix*.

Vers la même date, en 1808, on jouait *l'Agréable surprise du père Lucas*, drame en trois actes. Les exercices littéraires publics avaient aussi heureusement recommencé, et l'on avait eu même l'idée de faire imprimer les couplets chantés dans la pièce.

En 1812, on représenta *les Incommodités de la grandeur*, pièce à l'usage des collèges, avec morceau de musique. Tant qu'à renouer la tradition, on eut bien fait peut-être de la reprendre de plus loin et de revenir à l'ancienne tragédie chrétienne de Cyrille ou d'Agnès, ou aux pièces historiques dans lesquelles Jacques Bougard jouait si bien son rôle et était si galamment costumé.

Mais je m'aperçois que je m'introduis quasi dans l'histoire contemporaine. Il y a peu d'années je rencontrais un des élèves du Père Moissenet et j'aurais pu lui rappeler le rôle qu'il jouait dans telle pièce de cette époque. Parmi les élèves distingués et aimés du Père Moissenet, je citerai MM. Paulin du Bossay, ancien recteur d'Orléans et Édom.

Au reste il n'y a qu'à consulter, pour continuer cette excursion à travers le théâtre de collège, les programmes des exercices publics de chaque année. Je suppose qu'on a pris la peine de les collectionner.

Le collège du Mans subsista jusqu'au commencement de l'année 1850, il fut alors érigé en Lycée. On peut voir sur le collège et le Lycée du Mans les palmarès du Lycée depuis 1900 qui contiennent l'histoire de cette suite du collège de l'Oratoire et l'article que j'ai écrit sur le collège et le Lycée dans le *Nouvelliste de la Sarthe* du 10 juillet 1901.

C'est l'histoire ancienne que j'ai surtout voulu faire connaître, non seulement parce qu'elle était inédite et que les matériaux pour l'esquisser n'étaient pas des plus communs, puis parce qu'elle me semblait plus intéressante que celle des temps plus rapprochés. Pourquoi est-elle plus intéressante ? Ne le serait-elle qu'en vertu de la maxime *Major e longinguo reverentia ?*

C'est possible. Les choses vues à distance nous charment souvent davantage que vues de près.

Quoi qu'il en soit, je n'ai pas voulu laisser perdre ces vestiges du goût de nos pères, et s'effacer ce coin de tableau des anciennes mœurs et de la vie de collège. On devait s'y plaire, s'y attacher plus qu'aux lycées d'aujourd'hui, à cause du plaisir de ces représentations dramatiques et de ses académies au petit pied. On devait aussi en rapporter pour le reste de la vie des souvenirs plus émus et plus durables. Les collèges ecclésiastiques l'ont bien compris et sont avec raison restés fidèles aux vieux usages scolastiques. Si Brizeux avait passé sa jeunesse dans un des lycées d'aujourd'hui eut-il écrit les *Souvenirs de son vieux collège?* On me permettra d'en douter ; il avait au contraire remporté du collège de Vannes, tout sombre qu'il était, des souvenirs qui parlaient à son âme et l'emplissaient de poésie. Quand on entre dans un grand nombre d'établissements actuels rien ne parle au cœur ;

quand on en sort, faut-il s'étonner que trop souvent le
cœur ne batte plus et que la froide jeunesse de maintenant ne ressemble plus à celle d'autrefois.

Je ne dis pas l'instruction, mais ses avenues, son entourage étaient plus aimables qu'aujourd'hui, et l'éducation
marchait de pair avec elle. La tragédie élevait les cœurs;
la comédie corrigeait les travers ou du moins cherchait à
le faire ; enfin elles laissaient après elles des souvenirs qui
deux siècles après ont encore la chance d'intéresser les
curieux.

Dans deux cents ans que trouvera-t-on à glaner dans
l'histoire des collèges d'aujourd'hui s'ils en ont une, à moins
qu'un curieux ne s'amuse à relever les rares curiosités des
discours de distribution de prix, prononcés par des professeurs qui ne sont plus que des oiseaux de passage ?
J'espère pour eux qu'il pourra en être ainsi. Pour finir
par un souvenir classique, inspiré par celui d'un vers d'un
écolier du collège de Saint-Benoît, je souhaite qu'il se trouve
un curieux comme moi pour empêcher les longs oublis :

Ne Lethei ad fluminis undam
Lethiferos latices et longa oblivia potent.

Si je n'avais pas laissé de côté de propos délibéré
l'histoire du théâtre des Jésuites de La Flèche, que le Père
de Rochemonteix a abordé dans son livre sur ce collège (1)
j'aurais terminé cette étude en passant en revue les dernières pages de l'histoire du théâtre de collège dans le
Maine, je veux dire, les pièces qui depuis trente et quelques
années se jouent au collège N.-D. de Sainte-Croix, dirigé d'abord par les R. P. Jésuites, puis par d'autres
directeurs, tant ecclésiastiques que laïques qui leur ont
succédé. Les pièces de cette renaissance dramatique for-

(1) Voir aussi l'*Histoire du théâtre des Jésuites* de M. Boysse.

ment déjà une importante série. On pourra un jour à l'aide
des arguments, des programmes imprimés chaque année les
passer toutes en revue, depuis *La Légion martyre*, tragédie
en trois actes et en vers, représentée le 14 juin 1876 et les
diverses pièces du Père Longhaye, jusqu'au *Bourgmestre
de Saardam, le Comte de Plélo, France d'abord* d'Henri de
Bornier, auquel ne le cédait pas en patriotisme la pièce jouée
dans ces derniers temps sur la persistance du patriotisme
manceau pendant l'occupation anglaise au XVe siècle, jusqu'au *Joyeux* mystère de Noël et l'*Œdipe roi* représentés le
16 février 1905. Les Jésuites au XIXe siècle ont recueilli
pieusement l'héritage de leurs prédécesseurs du XVIIe.
Par des pièces plus intéressantes que la *Défaite du Solé-
cisme*, du Père Jouvency, ils ont su intéresser à la fois
les élèves et leurs familles, assurer le succès de leur enseignement et le faire aimer, tandis qu'il semble qu'on ait
fait longtemps tout pour rendre les lycées désagréables,
pour m'en tenir à un mot parlementaire.

Non pas qu'ancien élève du Lycée Charlemagne, j'aie
gardé rancune au vieux collège de la rue Saint-Antoine ;
mais quelles tanières que les pensions qui y conduisaient
leurs élèves et on sait si elles étaient nombreuses ! A part
Massin, qui dirigeait dignement son établissement, les autres
directeurs n'étaient, pour la plupart du moins et à des degrés
divers, que de vulgaires marchands de soupe, se bornant
presque à exploiter les familles, et où les élèves se trouvaient
avec les *pions* dans un lamentable milieu. J'ai trouvé dans
les *Souvenirs* du ténor Roger un portrait pris sur le vif du
directeur de la pension, où j'eus le malheur de me trouver.
Ces pensions ont justement disparu du quartier Saint-
Antoine. Dieu veuille qu'elles ne viennent pas à renaître,
avec la suppression de liberté de l'enseignement congréga-
niste, qui va obliger bien des familles à opter, même malgré
elles, pour les laideurs de l'enseignement laïque.

APPENDICE

LE THÉATRE DES JÉSUITES A LA FLÈCHE

Si La Flèche, faisant actuellement partie du département
de la Sarthe, n'avait pas autrefois dépendu de l'Anjou,
j'eusse parlé longuement du théâtre de son célèbre collège.
Mais cette ville était bien de l'Anjou et toutes ses relations
étaient avec Angers et avec des auteurs angevins. D'ailleurs
l'histoire de ce théâtre a été esquissée par Jules Clère, M. de
Montzey et enfin le Père de Rochemonteix qui a donné
l'énumération des programmes des pièces qui y furent
jouées (1).

Je me bornerai à raconter quelques pages de cette histoire,
d'abord la page la plus fameuse et la mieux remplie, celle
qui a trait aux représentations données devant le jeune roi
Louis XIII et sa mère en 1614. J'y ajouterai quelques notes
sur les œuvres dramatiques composées par les Pères Petau
et Musson, et les premiers Jésuites, auteurs de pièces dans
la première moitié du XVII° siècle.

Dès le lendemain, pour ainsi dire, de l'établissement de
leur collège à La Flèche, le théâtre des Jésuites était en
pleine floraison. Au reste, comme on le verra, ils n'avaient
fait que l'importer de leur collège de Pont-à-Mousson, en
venant de la Lorraine sur les bords du Loir.

(1) Il faut y joindre les indications de M. Sébastien de la Bouillerie
dans l'*Imprimerie fléchoise*, in-4°, 1896.

A La Flèche, dès 1608, les élèves représentent des pièces devant les ducs de Vendôme et d'Epernon. Les distributions de fin d'année qui avaient lieu *in publico urbis theatro Flexiæ*, comme on le lit sur les prix d'alors, devaient aussi être précédées de représentations sur le théâtre construit afin d'exercer les écoliers à la déclamation (1). En juin 1611, lors des fêtes commémoratives de l'arrivée du cœur de Henri IV à La Flèche, les élèves jouèrent une pièce dans laquelle paraissait la France en habit de deuil, environnée du chœur des Vertus royales ; l'archange saint Michel et la Religion la consolaient et l'encourageaint (2). A l'occasion de la mort de leur bienfaiteur, les Pères avaient aussi fait composer par leurs élèves un gros recueil de regrets hyperboliques, en vers grecs, latins et même français (3).

La première révélation détaillée qui nous est donnée sur les représentations dramatiques de La Flèche se produit à l'occasion du passage du jeune Louis XIII et de sa mère. Marie de Médicis ne pouvait oublier, au retour de son voyage de Bretagne, la ville où reposait le cœur de son mari. Elle continuait au reste aux Pères la protection bienveillante qu'ils avaient trouvée chez Henri IV. Deux ans auparavant elle avait envoyé à La Flèche, pour terminer les constructions du collège, le célèbre architecte Lyonnais, Étienne Martellange, admis dans la Compagnie à titre de frère et qui devint architecte général des Jésuites dans leurs provinces de France.

(1) Ces prix étaient dûs à la libéralité et à la munificence des agonothètes, qui étaient de grands seigneurs. En 1609, le donateur était Claude de Bretagne, comte de Vertus, époux de la belle Catherine de la Varenne. Revêtus de riches reliures aux armes des donateurs, ces volumes méritent d'être recherchés par les bibliophiles, comme du reste ceux qui furent donnés par l'Oratoire.

(2) Voir les *Litteræ annuæ* et la *Bibliotheca script. Soc. Jesu.*

(3) *In anniversarium Henrici magni obitus diem lacrymæ collegii Flexciensis regii Societatis Jesu.* Flexiæ, apud Jacobum Rezé, typographum regium, M D CXI.

Après avoir quitté Nantes le dimanche 31 août, séjourné à Angers, puis à Durtal, chez le comte de Schomberg, le cortège royal arrivait le soir à six heures à La Flèche où depuis bientôt quatre ans reposait le cœur de Henri IV que le roi avait légué aux Pères Jésuites du collège qu'il avait fondé dans le château de sa famille.

Les Pères ne laissèrent point passer l'occasion de faire fête au fils et à la veuve de leur bienfaiteur. Il y avait alors dans leur maison des élèves des quatre parties du monde ; aussi voulurent-ils donner au jeune roi un échantillon de toutes ces langues et encadrer cette érudition dans une de ces représentations mythologiques dans le goût de l'époque et que Rubens a tant prodiguées en l'honneur de la reine mère. Aux dires des *Litteræ annuæ Soc. Jesu*, le roi et la reine furent introduits dans le sanctuaire des Muses sous l'emblème d'Apollon et de Pallas ; dix-sept jeunes gens choisis parmi les écoliers vinrent sous le costume et avec le titre d'ambassadeurs exposer en autant d'idiomes différents l'objet de leur mission.

C'était fort savant, et cela rappelait le miracle de la multiplication des langues, sinon celui de leur confusion à Babel ; mais ce qui plus que ce savantissime jargon dut intéresser la princesse florentine et son fils, déjà obligés de subir à Angers une harangue latine du recteur de l'Université, fut l'allégorie d'Apollon et de Pallas, et surtout les costumes des ambassadeurs orientaux. Si dans la représentation on laissa se glisser un ambassadeur du grand Turc, ce dut être le plus captivant spectacle de la fête et presqu'aussi amusant que la cérémonie du *Bourgeois gentilhomme*.

Là ne se bornèrent pas les amusements de collège sur lesquels Herouard dans son *Journal* entre heureusement dans quelques détails.

« Le 3, mercredi (le roi) va au jardin voler des petits oyseaux avec ses esmerillons, va à la messe, puis au collège des Jésuites où il vit réciter une pastorale (c'est sans doute la scène dont il vient d'être question). Après dîner retourne au collège des Jésuites, où en la grande salle fut représentée la tragédie de *Godefroy de Bouillon*. En la grande allée du parc à quatre heures, devant la Royne, la comédie de *Clorinde* » (1).

On voit que les bons Pères avaient tenu à donner d'abondantes preuves de leur goût à l'endroit des représentations scéniques. Le programme du soir était plus attrayant que celui du matin. Seulement c'était beaucoup pour un jour, surtout pour un jeune prince forcé d'avoir l'air d'écouter. Aussi, le lendemain jeudi, le jeune roi échappant pour un instant à sa vie de représentation et à ces plaisirs un peu trop sédentaires s'en donna-t-il à cœur joie marchant à pied, courant, et prenant ses ébats en la pescherie, à Malicorne, où il arriva à dix heures un quart du matin et où il eut la surprise le soir de voir des feux follets.

L'année même du passage du petit roi sur les bords du Loir, le Père Petau, le premier de tous les Jésuites, après leur rappel en France, faisait imprimer à La Flèche un de ses drames scolastiques destinés à avoir tant de successeurs, la tragédie des Carthaginois, *Carthaginienses*, qui fut représentée sur le théâtre du collège fléchois avant l'impression et dut être jouée lors de la distribution des prix. Elle était trop semée d'horreurs tragiques pour faire l'objet d'un divertissement à l'adresse du jeune prince.

Le sujet en était emprunté à la fin de la troisième guerre punique, c'était la ruine de Carthage. On y voyait la femme d'Asdrubal, honteuse de la reddition de son mari qui avait obtenu sa grâce de Scipion, lui donner un sanglant et terrible exemple de courage et de patriotisme, en égorgeant ses enfants et en se jetant dans les flammes qui consument le temple

(1) Voir aussi *Pompa regia Ludovici XIII Franciæ et Navarræ regis christianissimi à Fixiensibus musis in Henriceo Societatis Jesu gymnasio vario carmine consecrata*, La Flèche, Jacques Rezé, 1614, in-4°.

de Carthage. Asdrubal, honteux de sa lâcheté, rachetait enfin son égarement en se donnant à son tour la mort.

Cette sombre tragédie du Père Petau, ainsi que ses deux autres pièces *Usthazanes* et *Sisara*, qui elles du moins sont des drames chrétiens ou bibliques, font partie de son théâtre imprimé à Paris en 1642. Dès 1634 elles avaient pris place dans le théâtre des Jésuites avant *Saint-Genest* et *Polyeucte* de Rotrou et de Corneille. Le Père Petau ne fit à La Flèche qu'un court séjour de cinq ans environ (1613-1618).

Après lui dans l'ordre des dates, mais avant quant à l'importance de l'œuvre, il nous faut mettre le Père Musson qui occupe une place à part dans l'histoire du théâtre fléchois. Il est le seul dont un recueil de pièces tout entier ait été imprimé à La Flèche. De plus, outre les quatre pièces contenues dans ce recueil, il est l'auteur de huit autres drames, joués tant sur le théâtre de La Flèche que sur celui de Pont-à-Mousson.

En venant à La Flèche ce Père emportait un important bagage tragique. Sa verve ne se refroidit pas ; il continua à agrémenter les distributions de prix de drames nouveaux, mettant en action l'histoire de tous les temps et de tous les peuples. Ses tragédies furent applaudies à la représentation ; toutefois le modeste professeur n'attribuait pas tant leur succès à son talent qu'à celui des jeunes acteurs ses élèves, dont il se plaisait à mettre en relief le savoir faire.

Crésus, l'une de ses pièces, met en scène divers épisodes de la vie de ce monarque fameux. Le drame ne se tient que par l'intervention de Solon, qui en est le lien. Ce législateur refuse à Crésus le nom d'heureux, qu'il attribue à un Athénien mort en combattant pour sa patrie. Le roi le chasse de sa cour ; Solon lui prédit qu'il se repentira un jour et reconnaîtra la justesse de ses appréciations. La prédiction se réalise : Crésus perd son fils Athys malgré toutes les précautions qu'il a prises pour éloigner de lui

cette mort, qu'un songe lui a révélée. Ici se place un épisode curieux · la fiancée d'Athys meurt pamée, comme la
belle Aude, la fiancée de Roland. Cette mort présente le
principal intérêt |de la pièce. Crésus vaincu par Cyrus
échappe à la mort dans le combat mais c'est pour être
conduit au bûcher. Il y monte en déplorant longuement —
trop longuement — sa triste fin. Cyrus s'étonne de la len-
teur des flammes ; il entend Crésus déplorer d'avoir dédaigné les avertissements de Solon et invoquer son secours.
Au cri de : « Solon ! Solon ! » Cyrus est intrigué, il demande
quel est ce Solon. Ce dernier paraît alors, arrache Crésus
du bûcher, au grand contentement du mourant et sans
doute aussi de l'acteur qui remplissait ce rôle, et Cyrus en
faveur du sage philosophe épargne sa victime, donnant
ainsi un rare exemple de clémence.

Le père Lejay a repris ce drame de *Crésus ;* peut-être
était-il choqué de l'invraisemblance des longues tirades
débitées au milieu de la fumée. Il les a remplacées par une
harangue de Solon qui objurgue Crésus et jouit de sa
victoire. L'invraisemblance est remplacée par une laideur
morale ; un sage n'agit pas ainsi, c'est digne du maître
d'école de La Fontaine faisant la leçon à l'enfant qui se noie,
avant de le retirer de l'eau.

Dans *Cyrus puni,* le roi de Perse n'a pas cette fois le
beau rôle. Il convoite le royaume de Scythie et pour s'en
emparer il demande en mariage Tamyris, reine des Massa-
getes et des Scythes. Cette veuve inconsolable a promis de
ne pas se remarier ; elle refuse. Le roi des Perses ainsi
dédaigné lui déclare la guerre et, afin d'attirer dans un
piège l'armée de Tamyris et du roi de Scythie, il simule la
fuite et abandonne son camp à l'ennemi, afin, de le surprendre au milieu de l'ivresse. La ruse réussit. Les Scythes
et leur roi sont faits prisonniers ; ce dernier fou de douleur
de s'être abandonné à l'ivresse se perce de son épée. Mais
Tamyris qui a cru à la victoire et apprend avec d'autant

plus de douleur sa défaite veut le venger. Elle attaque Cyrus dont le sommeil vient d'être troublé par l'apparition menaçante de Darius, fils d'Hystape. Les Perses sont battus, Cyrus lui-même est tué, Tamyris triomphe.

De toutes les tragédies du Père Musson celle où l'idée morale se détache avec plus de force est *Darius trahi*, qu'on pourrait appeler plus justement la Clémence d'Alexandre. Elle met en relief l'idée du pardon, qui ressort aussi du théâtre du grand Corneille. Le jeune héros macédonien rassure la femme et la mère de Darius versant des larmes sur le prisonnier livré par des traîtres, qui eux sont mis à mort.

Déjà en 1573 avait paru le *Daire* de Jacques de La Taille, dédié à François d'Angennes de Rambouillet. Il serait intéressant d'étudier ces deux pièces en elles-mêmes, de les comparer aux autres œuvres du temps, de voir de qui elles se sont inspirées, si elles dérirvent de modèles grecs et latins et quelle influence elles ont pu exercer sur leurs contemporains. Ont-elles laissé après elles des réminiscences? Trouverait-on trace des ombres, des songes, des récits sans fin de ces drames et de ceux de Garnier dans les songes de Cornélie, voire même d'Athalie du XVIIe siècle?

Ce qui surtout a lieu d'étonner dans ces pièces de batailles, c'est l'énorme quantité d'acteurs qui y prennent part. L'auteur a soin d'indiquer parmi les personnages de ses drames *milites Cræsi, milites Cyri,* les armées de Pompée et de César, de Darius et d'Alexandre! Le grand nombre d'élèves du collège, qui alors n'étaient pas moins de 1300 (plus de 1200 en 1610, 1350 en 1627), lui permettait de s'accorder le luxe de ces armées, que devaient forcément s'interdire Hardy et les autres dramaturges qui travaillaient pour l'hôtel de Bourgogne, le Marais et les troupes de campagne. Et ces soldats ne restaient pas sur la scène immobiles, l'arme au bras ou plutôt l'épée au fourreau ; on lit souvent dans les drames de *César et de Pompée, d'Alexandre et de Darius* : « *Pugna committitur* ». On voit les deux camps aux prises dans des véritables luttes, où il y a des vainqueurs et des vaincus. Dans *Cyrus*, un des généraux de son ennemie Tamyris, reine des Massagètes, encourage les siens avant le combat par une harangue digne de l'antique *Conciones :*

> « Audaciter socii perrumpite, terga videtis
> Ut conversa ruant ? inhonesta que vulnera dorso
> Excipiant, se que ipsa premant sine lege furentis
> Agmina, confusa que ferant certamina turmæ.
> Terror agit, caeco avertit fuga fœda fugaces
> Impete : districtus voret ensis, adeste, ferite
> Tundite, fœdi fragas ferro lacerate catervas » (1).

Jamais général ne dut être mieux obéi par ses soldats, que ne devait l'être l'acteur fléchois appelant ses jeunes camarades à ferrailler d'importance, et à dauber sur les fuyards de l'armée de Cyrus. Ce devait être la partie de la pièce enlevée avec le plus d'entrain, et les coups d'épée étaient sans doute les rôles les mieux sus de tout le drame par les écoliers d'alors, qui donnèrent plus d'une fois la preuve de leur humeur batailleuse.

Joignez à cela une riche mise en scène : après la mort de Darius on voyait sur le théâtre ses funérailles, suivies par Alexandre, Sysigambis et toute l'armée. Après la défaite de Cyrus, paraissait le triomphe de Tamyris, qui formait le dénouement de la pièce, terminée par ces vers de

---

(1) Ailleurs on représentait les armées avec une plus grande économie de personnel. Dans la *Mort de Cyrus*, tragédie de M. de Rosidort, de 1662, au quatrième acte, Tamyris criait : « A moi soldats ! » et aussitôt on faisait tomber une toile où était représentée une armée en bataille, qui passait sur un pont. — Cela ressemble fort à la mise en scène du théâtre de Shakespeare.

la vaillante amazone respirant à la fois le sang et la
galanterie.

> « Bibe, Cyre, pota prolue exhaustum siti
> Cruore guttur : nulla non capitis natet
> Pars, atra sanie : gurgitis vasti specus
> Cum patulus extet, fauctum victus reple.
> Impune nemo fœminam bello petat. »

Dans la même pièce on voit aussi paraître un fantôme,
umbra parentis Spargapisi.

C'est dire, je le répète, que ce genre de spectacle avait
un attrait et des ressources, qui faisaient défaut aux comédiens de profession. Ceux des spectateurs ou des spectatrices qui étaient privés du plaisir de comprendre le beau
latin du Père Musson prenaient amplement leur revanche
en contemplant ces armées d'acteurs aux prises sur le
théâtre, frappant d'estoc et de taille, se mêlant, se ruant,
courant d'ici de là sur le théâtre, se donnant une martiale
contenance. Ils admiraient les splendeurs de mise en scène
dont le cirque naguères et nos théâtres de féerie d'aujour-
d'hui ont peut-être emprunté le genre, sans s'en douter, à
l'ancien théâtre de La Flèche (1).

Si l'on conservait le plus léger doute à l'égard de cette
petite guerre scénique, il suffirait pour s'en débarrasser, de
lire ce que dit Ragotin dans le *Roman Comique.* L'avocat
manceau ayant proposé aux comédiens un plan de comédie
où l'on verrait un grand portail d'église devant lequel une
vingtaine de cavaliers avec autant de demoiselles feraient
mille galanteries, Destin l'interrompit pour lui demander
où ils pourraient trouver tant de cavaliers et tant de dames.

(1) Barthélemy Royer, *Histoire d'Anjou*, p. 490, parlant des fêtes qui
eurent lieu au sujet de la canonisation de saint Ignace et de saint Fran-
çois-Xavier, 30 juillet 1622, dit que « par dessus tout les gentillesses
et rares inventions qui parurent dans les amphithéâtres, tragédies,
disputes et autres actions, méritent une estime toute particulière ».

« Et comment fait-on dans les collèges où l'on donne des batailles ? dit Ragotin. J'ai joué à La Flèche la Déroute du Pont-de-Cé (1), ajouta-t-il, plus de cent soldats du parti de la reine mère parurent sur le théâtre sans ceux de l'armée du roi, qui étoient encore en plus grand nombre ; et il me souvient qu'à cause d'une grande pluie qui troubla la fête, on disait que toutes les plumes de la noblesse du pays, que l'on avoit empruntées, n'en releveraient jamais. »

C'est aussi dans le même collège, sans doute, qu'il se vante ensuite d'avoir fait autrefois le chien de Tobie, et de l'avoir fait si bien que toute l'assistance en fut ravie (2).

Quel commentaire excellent et imprévu tout à la fois des tragédies du Père Musson ! Loret dans sa *Gazette* n'a rien d'aussi intéressant sur les représentations du collège de Clermont.

Qu'il me suffise d'avoir détaché ces pages curieuses de l'histoire du théâtre de La Flèche ; m'étendre davantage sur ce sujet serait faire concurrence aux différents historiens du collège de La Flèche et à M. Boysse l'auteur du *Théâtre des Jésuites.*

Conformément au *Ratio studiorum* nº XIII, et au goût scolastique du temps, les pièces de Musson sont en latin. Les sujets sont le plus souvent empruntés à l'histoire sainte, et puisés à la source si abondante de nos origines chrétiennes nationales, ou à défaut de sujet saint et pieux, si le poète célèbre la chute tragique des grands empires de l'antiquité, il a grand soin de profiter de ces éclatantes leçons d'histoire, pour mettre en relief la fragilité des biens et des honneurs de ce monde.

Si le professeur fléchois avait écrit ses tragédies en fran-

(1) On sait que la déroute des troupes de Marie de Médicis au Pont-de-Cé eut lieu en 1620.

(2) Cf. *Roman Comique*, chapitre X. Voir sur la véritable personnalité de Ragotin, *Scarron inconnu et les types des personnages du Roman Comique*, par H. Chardon, 2 vol. in-8º, Paris, Champion, 1904.

çais à l'exemple de Robert Garnier, de Luc Percheron,
l'auteur de *Pyrrhe*, de Montchrétien, du régent du collège
des Bons-Enfants de Rouen, J. Béhourt, je donnerais l'analyse de ses œuvres ; mais à quoi bon aller scruter les
pastiches de Sénèque et de Lucain ?

Après le Père Musson, je parlerai seulement du Père
Cellot, dont le recueil de pièces publié à Paris, en 1630,
contient trois tragédies (réimprimées en 1634) et une
tragi-comédie.

Cellot fit représenter entre autres sur la scène du collège
de La Flèche *Adrien* qu'il dédia à Henri de Schomberg
comte de Nanteuil et de Durtal. Ce seigneur, dont le château était voisin de La Flèche était sans doute *Agonothète*
lors de la représentation de cette pièce. C'est une scène de
martyre entremêlé de chœurs païens et chrétiens. Deux
autres pièces figurent dans le recueil du Père Cellot : l'une,
la tragédie des *Reviviscentes* fut également jouée à La
Flèche. L'action se passe en Thessalie mais on croirait
parfois qu'un sorcier, comme on disait qu'il y en avait tant
alors, vous transporte en un clin d'œil de La Flèche en
Thessalie (1).

On trouve également imprimés à La Flèche chez Laboe,
en 1629, in-4°, les *Panegyri Flexienses Ludovico XIII, dicti
a L. Cellotio*, et contenant des pièces de 1621 à 1628.
L'année précédente (1628) il avait fait paraître chez le même
libraire, dans le même format : *Mauritiados Andegavensis
libri tres*.

C'est la belle époque du théâtre fléchois : Petau, Musson,
Cellot, auxquels il faut joindre aussi le Père Caussin. Celui-ci
fit imprimer à Paris, *Solyman* et *Nabuchodonosor* tragédies

(1) Le *Sapor* de Cellot de 1630 est une variante décente et morale
d'*Amphytrion*. -- Les *Opera poetica*, du même, contiennent : S. *Adria-
nus martyr*, *Sapor admonitus*, *Chosroes*, trag. *Reviviscentes*, trag.-com.
et *Mauritias* (1630, petit in-8°, Sébastien Cramoisy).

bibliques et *Sainte Félicité*, *Théodoric* et *Herménegilde*, drames chrétiens.

Après le premier tiers du XVII° siècle, les beaux jours du théâtre de La Flèche sont passés ; du moins on n'en connaît plus aussi bien l'histoire et ses vestiges ne sont guère venus jusqu'à nous. Le collège devint moins florissant ; alors les établissements fondés par l'Oratoire au Mans, à Angers, à Vendôme, à Nantes, etc., la multiplication des collèges des Jésuites eux-mêmes, dont le nombre s'était accru, ainsi que celui d'autres petits établissements scolaires, vinrent lui porter un coup ; toutefois cela ne l'empêcha pas de voir des drames joués sur son théâtre, quitte à les emprunter à des auteurs attachés à d'autres collèges. Si ces pièces ne subsistent plus, si elles n'ont pas eu l'honneur de l'impression, à laquelle leur grand nombre et leur composition hâtive ne leur permettait pas toutes de prétendre, du moins leurs programmes se rencontrent encore aujourd'hui, et nous conservent les titres et les dates des pièces. La Flèche était abondamment pourvue d'imprimeurs dont plusieurs étaient spécialement attachés à la maison des Jésuites. Les programmes n'ont cependant pas tous survécu. Ils n'ont guère duré dans les mains peu conservatrices des écoliers, ni dans celles de leurs familles. Les archives du collège dispersées après l'exil des membres de l'Ordre ont gardé peu de documents purement littéraires, auxquels les conservateurs d'archives n'attachent pas d'importance. S'il n'y avait que la bibliothèque du Prytanée où espérer les trouver nous serions presque réduits à ne rien connaître de ce théâtre des Pères. Heureusement d'autres ont recueilli ces programmes et le Père de Rochemonteix a pu en faire figurer un grand nombre dans son livre si riche en documents sur le collège de La Flèche.

Il est fâcheux, ne serait-ce que pour comparer la différence du goût scolastique à La Flèche à la fin du XVII° siècle avec celui qui y régnait sous Louis XIII, de ne pas avoir les pièces contemporaines de la fin de Louis XIV. Les Muses étaient devenues plus douces, la tragédie plus humaine, plus morale, moins pleine de fureurs. Elle avait fait son évolution d'Eschyle à Eüripide. En arborant le français, le théâtre fléchois jetait pour ainsi dire son bonnet par dessus les moulins, plus encore qu'il ne l'avait fait longtemps auparavant en mêlant à ses tirades des ballets servant d'intermèdes et en faisant danser les jeunes acteurs devant Constantin. Enfin le Père Jouvency traçait les règles du ballet de collège dans son *Ratio discendi et docendi, 1685.* On n'a qu'à ouvrir les œuvres des Pères Larue, Commère, Lejay, Porée, Ducerceau, Bougeant, pour savoir ce qu'était alors partout en France le théâtre des Jésuites (1). Les ballets acclimatèrent à La Flèche le goût du theâtre et de la musique. Gresset cet aimable représentant de la gaieté ecclésiastique trouve assez doux son exil sur les bords du Loir, grâce aux concerts assez bons qu'il y entend.

Je laisse aux érudits le plaisir de parcourir eux-mêmes les catalogues originaux des œuvres dramatiques fléchoises,

(1) Si l'on veut connaître le titre de la plupart des pièces jouées à Paris au collège de Clermont, on n'a qu'à parcourir les listes données par Cocheris dans son édition de l'*His toire de Paris*, de Lebœuf. Voir pour La Flèche, les pièces dramatiques à l'usage des élèves, imprimées en cette ville en 1759, chez la veu ve de l'imprimeur Hovius, et 1738, *Joseph reconnu par ses frères*, drame historique, qui sera représenté sur le theâtre du collège royal de La Flèche, imp. Eustache de la Fosse. Voir aussi Fournel, *Curiosités théâtrales*, p. 74 à 84, E. Despois, *le Théâtre français sous Louis XIV*, p. 246 à 266, le Père Verdière, *les Jésuites et leur enseignement au XVIIe siècle*, dans les *Études religieuses*, de 1874 et 1875.

On trouve dans ces catalogues fléchois la mention de curieux livres témoins : *La Saignée reformée, ses abus, etc.*, par Bineteau, imprimée à La Flèche, in-12, 1656 ; l'auteur a mis en tête un sonnet, dont voici un quatrain.

> « Va mon petit livret, va partout enseigner
> La longue vie à ceux qui sont encor sur terre
> Fais aux plus grands abus une éternelle guerre,
> Dis, mais dis hardiment, que l'on fait trop saigner. »

notamment celui de la bibliothèque du collège, dressé en
1776 par le libraire Riboulet, qui contiennent ces pièces,
depuis celles de Ludovic Cellot et du Père Nicolas Caussin,
jusqu'aux œuvres des Pères Ducerceau, Porée, Bougeant,
etc.

Le goût du théâtre s'y était toujours maintenu (1). Je
pourrais en relever plus d'une preuve, mais je me bornerai
à citer ce que dit Mᵐᵉ de La Rochejaquelein, dans son récit
de la déroute du Mans, de M. Royer Martinière, « ayant un
turban et un doliman qu'il avait pris au théâtre de La
Flèche ».

Ce théâtre semble avoir inspiré aux habitants de La
Flèche le goût des spectacles. Grille déclare que l'abbé
Auvé, né en cette ville, pour complaire à une société dramatique qui s'était organisée, traduisit plusieurs ouvrages
du théâtre anglais, entre autres *Maxwell*, dont le *Mercure*
de 1730 fit l'éloge.

Un peu plus tard, en 1765, on imprimait à Angers le
Philosophe Pyrhonien, comédie en trois actes, en prose de
Martin, professeur de philosophie.

Lorsque les Jésuites eurent été contraints de quitter La
Flèche, les Doctrinaires qui leur succédèrent, ne crurent pas
pouvoir mieux faire que de continuer leurs traditions théâtrales, mais ils ne surent guère, comme les Pères, faire de
leur théâtre une école de mœurs. On y vit jouer à la fin du
siècle *Brutus*, dont le professeur Sequéla le futur Girondin,
fit l'éloge. La pièce d'*Azémia*, qui fut alors aussi représentée, offrait moins de danger pour de jeunes imaginations.

(1) Dès le commencement du XVIIᵉ siècle, sans parler même plus tôt
de la *Légende de Pierre Faifeu*, les Fléchois eux-mêmes furent mis
sur la scène. On en voit la preuve en 1607 dans *les Barons fléchois* ou
les Copieux fléchois, comédie en un acte, en vers, représentée sur le
théâtre de Saint-Germain-en-Laye, dédiée à Mʳᵉ Gabriel du Puy du
Fou, Paris, C. Blageart, in-8°. On y trouve une règle des vers français par M. du Vau Foussard, pour servir d'instruction au petit poète
Oronte, auteur de la farce des *Barons fléchois*.

On resta longtemps fidèle en cette ville au culte des Muses. En août 1814, de La Fosse imprimait une ode latine à Son Altesse royale Mgr le duc d'Angoulême honorant de sa présence la ville et l'école royale de La Flèche. « *Canebant secundani in schola regia. Flesciensi Humanarum litterarum, professor Car. Lud. Roland.* »

TABLE DES MATIÈRES

DU TOME II ET DERNIER

CHAPITRE PREMIER

LES DERNIÈRES DÉCOUVERTES SUR MOLIÈRE :
POITIERS, BORDEAUX, GRENOBLE

CHAPITRE II

MONSIEUR DE MODÈNE, MADELEINE DE L'HERMITE
ET MARIE COURTIN DE LA DEHORS

CHAPITRE III

DERNIERS DOCUMENTS SUR LES COMÉDIENS DE CAMPAGNE ET LES OPÉRATEURS AU XVIIᵉ SIÈCLE

État des recherches sur l'identification des comédiens de la troupe du *Roman Comique*. — Filandre dans les Pays-Bas, « comédien de la reine de Suède ». — Son séjour dans le Midi de la France, au moment du mariage espagnol. — Nicolas de Vis, sieur des Œillets. — Les opérateurs au XVIIᵉ siècle : l'*Orviétan*, les Charlatans à Dijon, Pierre Métro à Baugé (1638). — Françoise Mesnier, qu'on voit figurer sur un acte passé à Poitiers en 1651, est-elle la même que La Caverne du *Roman Comique*? — Nicolas Desfontaines et Roquebrune.

Nouveaux documents sur les comédiens de M. le Prince. — Filandre jusqu'en 1670. — H. Pitel, sieur de Longchamp, et Michel du Rieu, après la retraite de Filandre. — Les pérégrinations de leur troupe. — La troupe du *Dauphin* : Les Raisin et Villiers. — A Rouen et à Chantilly. — Autres troupes de comédiens en Bourgogne. — Discordes : « La grande affaire des comédiens. » — La fin de la troupe de Condé. — A la Comédie Française. — Reconstitution de la troupe de M. le Dauphin.

Les comédiens français à l'étranger. — Au Nord de l'Allemagne, d'après *la Relation d'un voyage de Copenhague à Brême* (1676). — La

CHAPITRE IV

LE THÉATRE DE COLLÈGE AU MANS
DU XVIe AU XVIIIe SIÈCLE

croissants de la comédie : l'*École des jeunes gens* (1758), le *Retour imprévu* (1760), le *Monde tel qu'il est* (1762). — Les exercices académiques. — Quelques exemples : Questions de littérature, Éloge de la physique. — Dernières productions dramatiques. — Les anciens élèves de l'Oratoire ont-ils subi l'influence de cette littérature dramatique? — Michel Boyer. — Une fête à Mamers en février 1789. — Une pastorale en l'an II. — Quelques mots sur le théâtre du collège des Jésuites de N.-D de Sainte-Croix au Mans au XIX⁰ siècle. — Conclusion. 101

APPENDICE

LE THÉATRE DES JÉSUITES A LA FLÈCHE. 183

ERRATA

MAMERS. — TYP. G. FLEURY ET A. DANGIN. — 1905.

www.ingramcontent.com/pod-product-compliance
Lightning Source LLC
Chambersburg PA
CBHW071938090426
42740CB00011B/1737